河池学院民族传统体育学学科建设立项

青少年功能性动作训练方案设计探究

潘聚仟◎著

吉林出版集团股份有限公司
全国百佳图书出版单位

版权所有 侵权必究

图书在版编目（CIP）数据

青少年功能性动作训练方案设计探究 / 潘聚仟著. -- 长春：吉林出版集团股份有限公司，2022.8

ISBN 978-7-5731-2191-2

Ⅰ.①青… Ⅱ.①潘… Ⅲ.①青少年—运动训练—方案设计—研究 Ⅳ.① G808.17

中国版本图书馆 CIP 数据核字 (2022) 第 166965 号

青少年功能性动作训练方案设计探究
QINGSHAONIAN GONGNENGXING DONGZUO XUNLIAN FANGAN SHEJI TANJIU

著　者：潘聚仟	责任编辑：刘晓敏
出版策划：齐　郁	排版设计：王　斌

出　　版：吉林出版集团股份有限公司

（长春市福祉大路 5788 号，邮政编码：130118）

发　　行：吉林出版集团译文图书经营有限公司

（http://shop34896900.taobao.com）

电　　话：总编办 0431-81629909　　营销部：0431-81629880/81629881

印　　刷：天津和萱印刷有限公司

开　　本：787mm×1092mm　　1/16

印　　张：12.25

字　　数：218 千字

版　　次：2023 年 1 月第 1 版

印　　次：2023 年 1 月第 1 次印刷

书　　号：ISBN 978-7-5731-2191-2

定　　价：72.00 元

印装错误请与承印厂联系

前 言

体育在促进小康社会建设、社会和谐发展及实现民族复兴等方面有着重要的作用。党的十八大以来，制定并出台了多项政策支持体育事业的持续健康发展。近几年中学生肥胖多发，测得的体质健康数据总体偏低，这一数据结果令人担忧。在青少年中频发的肥胖问题，也侧面反映出，青少年缺乏体育锻炼。无论是哪些原因导致的青少年体能水平偏低的结果，这个问题都亟待解决。我国的传统体能训练遵循"三从一大"训练原则，该原则是我国体育事业理论与实践经验的科学总结，有着深厚的科学内涵。这种训练原则确实使我国运动员的训练取得了明显的成绩，但是却不适合青少年这个群体。功能性训练的提出，有别于传统体能训练的方式，但是在体能发展上有明显的效果，将功能性训练运用在青少年的体能发展中，不仅可以在一定程度上解决青少年体能素质偏低的问题，还可以为功能性训练在更宽广领域的发展提供路径。功能性训练的目的是提高受训练人的运动能力，这一点，与发展青少年体能素质不谋而合。

本书围绕青少年功能性动作训练的方案设计进行研究，全书共分为六大章节，第一章介绍了功能性训练的基本知识，包括相关概念、动作特点和训练理念及功能性运动表现的整体连续性；第二章为青少年生长发育的生理学基础，从青少年骨骼肌肉系统、青少年神经系统、青少年心肺代谢系统的发育特点方面简单介绍了其生理性基础；第三章为青少年功能性训练的基本动作，第一节为抗阻动作训练，第二节为垫上动作训练，第三节为弹力带动作训练，第四节为悬吊动作训练；第四章对青少年的一些主要身体部位进行了动作设计，包括髋主导的动作方案设计、膝主导的动作方案设计、肩主导的动作方案设计、抗旋转的动作方案设计、抗伸屈的动作方案设计；第五章为青少年功能性训练的专项动作方案设计，从跑步运动、跳跃运动、投掷运动三大类运动进行了专项的运动设计；第六章针对目前青少年功能性动作训练的问题提出了一些优化建议。

本书的最后还附上了功能性动作筛查、评估的一些介绍，供读者参考。

在撰写本书的过程中，作者得到了许多专家学者的帮助和指导，参考了大量的学术文献，在此表示真诚的感谢。本书内容系统全面，论述条理清晰、深入浅出，但由于作者水平有限，书中难免会有疏漏之处，希望广大同行及时指正。

作者

2022 年 1 月

目录

第一章　功能和功能性训练 ·· 1
　　第一节　功能性训练简述 ·· 1
　　第二节　功能性训练的动作特点和训练理念 ··· 10
　　第三节　功能性运动表现的整体连续性 ·· 16

第二章　青少年生长发育的生理学基础 ·· 20
　　第一节　青少年骨骼肌肉系统发育特点 ·· 20
　　第二节　青少年神经系统发育特点 ·· 21
　　第三节　青少年心肺代谢系统发育特点 ·· 22

第三章　青少年功能性训练的基本动作 ·· 23
　　第一节　抗阻动作训练 ·· 23
　　第二节　垫上动作训练 ·· 34
　　第三节　弹力带动作训练 ··· 48
　　第四节　悬吊动作训练 ·· 60

第四章　青少年功能性训练的基础动作方案设计 ··· 69
　　第一节　髋主导的动作方案设计 ··· 69
　　第二节　膝主导的动作方案设计 ··· 76
　　第三节　肩主导的动作方案设计 ··· 87
　　第四节　抗旋转的动作方案设计 ··· 101
　　第五节　抗伸屈的动作方案设计 ··· 109

第五章　青少年功能性训练的专项动作方案设计 ················ 114
　　第一节　青少年跑步运动功能性动作训练方案设计 ·············· 114
　　第二节　青少年跳跃运动功能性动作训练方案设计 ·············· 136
　　第三节　青少年投掷运动功能性动作训练方案设计 ·············· 151

第六章　青少年功能性动作训练的建议 ························ 158
　　第一节　青少年功能性动作训练的问题研究 ···················· 158
　　第二节　青少年功能性动作训练的优化建议 ···················· 159

附录　功能性动作筛查、评估 ································ 161
　　附录1　功能性动作筛查（FMS） ······························ 161
　　附录2　功能性动作筛查积分表 ······························ 163
　　附录3　功能性动作筛查指导 ································ 164
　　附录4　传统深蹲评估流程案例 ······························ 183

参考文献 ·· 186

第一章 功能和功能性训练

功能性训练是 2010 年前后被引入我国的体能训练新理念，因其在国外已经发展得较为成熟，被证实可以有效提升运动表现、促进运动成绩的提升而备受国内专家学者的关注，从而掀起了一股功能训练研究热潮。本章简单介绍了功能性训练的基本知识，包括其动作特点和训练理念、运动表现的整体连续性。

第一节 功能性训练简述

一、功能性训练的相关概念

（一）功能性训练力量

针对体能领域的话题向来都是热门话题，力量训练的讨论度也一直居高不下。其受到热烈讨论的原因之一是存在多种不同类型的力量和不同的衡量方法。

最常见的力量就是绝对力量。运动员能够举起来的最大力量就是绝对力量。绝对力量在一些运动项目上就是追求的目标，像是举重项目，举重运动员的每一举都要使用最大力量。

相对力量是由绝对力量除以运动员体重得出的比值。这种力量的运用也很多，pound per pound（磅每磅）就是来源于相对力量。相对力量针对参加有重量级别的比赛十分重要，在同级别的比赛里面，相对力量大的运动员更加占优势。

功能性力量就是运动员所可以使用力量的总和。功能性力量是比除举重比赛之类的项目外其他所有比赛都重要的力量。功能性力量在检测、训练等方面一直都是人们关注的重点，功能性训练的训练目的就是增强功能性力量，但是在实践中特别容易将功能性训练和专项运动训练混淆。

专项运动训练多适用于在训练的后期用来增强某一个专项力量。专项运动训练要经过施加阻力比较小的运动来练习技巧。专项运动训练最常见的项目有弹力带跑步、推阻力橇、挥动加重的球拍等。功能性训练与专项运动训练以技巧为中心的特点不同，它关注的重点是如何将功能性力量应用到运动技巧中，像是如何训练多个肌群之间的协调性的训练，比如在瑞士球上做单腿臀桥动作，这个动作可以加强髋部伸展，提高奔跑的速度，而专项运动训练中的弹力带跑步是真的用跑步去练习。还有一些类似的运动，弹力带推举是为了提高拦网动作的相关肌群的力量，不需要用击打网球的训练器去训练；或者如果要提高运动员的挥拍速度，就需要锻炼髋部和核心肌群的力量，这几个部位的力量锻炼使用短弹力带转体动作加上高低绳索削砍动作即可，运动员不需要做完整的击球动作练习。功能性训练的本质就是让运动员将力量运用到技能当中，这种训练方式是目前最先进、最有效的方法，不需要再进行某个特定运动的练习。

虽然功能性训练十分有效并且在运动界较为热门，但是找到一个专业的合格的教练并不容易。

功能性训练自然也有一定的缺陷，主要是衡量检测方面，由于功能性运动训练不像一般的运动如举重，可以使用负重的数量或一些具体的数据来判断训练的效果，功能性训练主要的衡量指标是运动的质量，比如单腿侧臂前伸这个动作，就只能使用特定的运动质量和轻负重训练来评估单腿稳定性。在进行功能性训练的时候这种主观性的特点使得运动设计者比较难以衡量运动的效果。

（二）有效与最佳

为了简化功能性训练的概念，首先要注意的是有效训练和最佳（功能性）训练之间的差异。某项训练可以是有效的，但却不具有最优转换性（即不具备功能性）。例如，一个新手篮球运动员可以练习膝伸展运动和屈腿弯举运动，以提高跑跳能力。这两种传统的锻炼方式都可有效提高运动员的跑跳能力，但在更多的全面、渐进的训练模式中（如用于渐进开发全身、特殊和专项力量的三阶段开发训练模式），这两种锻炼方式都不会比单腿练习更有效。例如，如果一个跑步运动员打算采用渐进的三阶段模式进行训练，全身力量通常通过传统的力量练习进行，如深蹲、腿部推举、高翻；特殊力量经常通过更接近于目标运动的功能性训练进行，如单腿前触、单腿深蹲及瑞士球单腿臀桥；专项力量可以通过阻力跑、上坡跑及其他形式的阻力跑练习进行。尽管这是三阶段训练的简化模式，但是仍能帮助我们明白训练如何随着时间的推移而变得更有针对性或者说更有功能性。功能性训练是由特殊的概念驱动的。对于单腿的跑步和跳跃，单腿练习比双腿练习更加具有针对性，比如篮球运动员的急速变向和单腿上篮得分动作。

（三）平衡性与稳定性

平衡性训练不应与稳定性训练相混淆。不稳定的训练环境是功能性训练最热门的话题之一。

作为名词，平衡性是指重量在垂直竖轴上每一侧均匀分布而产生的稳定性。作为动词，平衡性意味着带来一种平衡的状态（对立力量之间的平衡状态）。

稳定性是指稳固的质量、状态或程度，类似如下：

（1）站立或承受的力量，坚固性；

（2）平衡状态或稳定运动时的身体特性，恢复原有条件的力量和时刻；

（3）趋于引发动作或改变动作的对抗力量与对比、对抗或相互作用因素之间的平衡；

（4）平衡的条件受到干扰时，致力于恢复原有条件的力。

实际上，平衡性是操纵相反力量的行为，用于在运动基础上创造一个稳定状态。稳定性对不必要的运动进行控制，使之恢复或保持在某一个位置上。平衡性通常需要用较少的力量来维持平衡，而稳定性通常需要用较大的力量来保持稳固。稳定性和平衡性的最好例子就是金字塔（图1-1-1）。

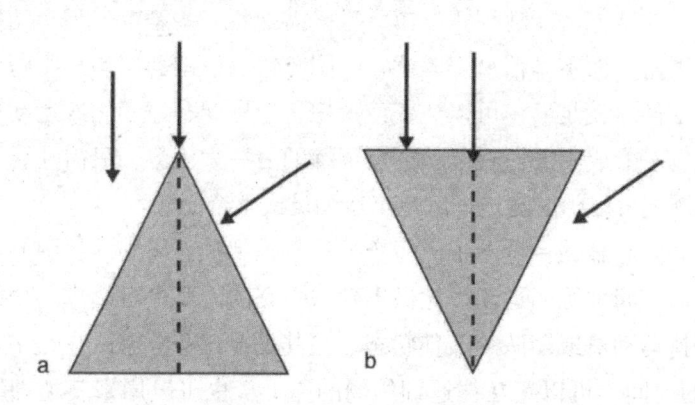

图1-1-1 稳定性与平衡性

a金字塔形是稳定和平衡的。在施加较大力量时，其位置不会改变。这就是运动员需要的素质。b金字塔形是平衡的，但不稳定。轻微的力量就可以将其推翻。这不是运动员需要的素质。

正如我们所看到的，稳定的金字塔能够承受其内部系统产生的任何力量，它既是稳定的又是平衡的。除非某种力量穿过其垂直轴线，否则平衡的金字塔几乎可以承受任何力量。如果把人体当作一个有机的金字塔，在响应渐进的多向负重时会更加稳定，那么必须训练将外力作用于整个人体而不是作用于某个点上。

对于一个倒金字塔，根本无法负重，因为它稳定性较差。在一个不平衡的稳定位置上（如单腿平衡），运动员什么也做不了，只能站在那保持平衡，会被一个快速移动的物体推倒。在一个狭小的支撑基础上，面对某一物理接触，运动员无法使出较大的力量或保持他们的位置，他们面对环境的物理施力显得无能为力（如另一个运动员发出的碰撞），这一点尤其适用于在静态条件下，运动员无法使用动力和惯性来帮助维持稳定。

功能性训练必须重点关注建立稳定性，以便保持正确的运动位置，通过运动链传递力量。这意味着功能性训练必须训练运动员尽可能保持重心处于稳定状态，然后在必要时再移动重心。

二、功能性训练的优势

（一）空间更小，器材更少，时间更短

几乎所有的传统健身房都占地数千平方英尺（1平方英尺约合0.09平方米），里面放置了数百种器材，成本高达几十万美元。与之形成鲜明对比的是，许多普通场所都可以改造成功能性训练场馆，且只需配备一些基本器材。功能性训练的关键是运动本身，而不是器材。因此，一副哑铃、一些药球、几组跨栏、一些弹力带和一些平衡球就足够，可以让任何人把普通房间、停车场或运动场都改造成功能性训练场。低成本的器材是功能性训练的另一大优势，只需几百块钱和一个行李袋，教练就可以随时随地训练单个运动员或整个团队。

如今，时间和金钱一样珍贵，每个人的日程都排得满满的。因此，能够在任何地方、任何时间训练的运动员比做不到这一点的人要更有效率。功能性训练可以有效地保持运动员或团队的最佳状态，尤其是在比赛赛季或在途中。例如，15到40分钟的时间，可以花在往返训练场的路上，也可以用来就地训练。无论个人还是团队，都可以在白天或晚上的任何时间，花上15到20分钟在停车场、宿舍走廊、健身房或酒店的房间里进行训练。

（二）健身而不增重

神经肌肉适应性的一大特点是，人们可以变得更强壮，同时又不变得块头更大或更重。运动员参加有重量级别的运动项目，体重的增加可能会变成一个巨大的劣势。肌肉之间的协调也可以让身体通过多个肌肉系统分散负载，这种分布能够降低单个肌肉承担的应力，减少使用特定肌肉的情况，使单块肌肉不至于变得

过大。通过功能性训练减少了单块肌肉的劳损，增加了全身肌肉的协调性，这就是功能性训练的精髓。

（三）运动表现优势

功能性训练的优势是显而易见的。功能性训练主要关注的对象就是运动技能。单腿臀桥运动的好处在于锻炼髋部肌肉和臀大肌，伸展髋部，稳定身体，从而可以提高跑步的速度和推进的速度。另外，也可以提高运动员的单腿跳跃能力，进而增加双腿垂直起跳高度。推和拉的运动训练在拳击、举重和游泳以及投掷运动方面有影响。转体运动可以提高身体的摆动和转向的能力。

三、功能性训练热门器材

在过去 20 年中，市场上各种功能性训练器材迅猛发展，搞清楚自己需要买什么及如何使用这些器材是很大的难题。虽然使用各种器材可以增加训练的多样性和趣味性，但大部分基础训练都可以通过简单器材来完成。如果认知正确，就可以明确没有必要购买太多花哨的器材，毕竟最好的功能性训练器材是人体本身。这里介绍的基本器材可以帮助运动员利用功能性训练的原理在比赛淡季保持体形，或者在现有的抗阻训练中增加功能性训练的成分。

（一）哑铃

我们可以将哑铃添加到几乎所有可以想到的功能性训练中（图 1-1-2），因此这里先介绍哑铃。哑铃可以自由移动，因此要求肢体具有稳定性，从而可以解决上半身的力量失衡问题。在功能性训练中，速度和负重范围可以从慢而重到快而轻，这可以涵盖强度和力量的各个发展阶段。

图 1-1-2 哑铃

哑铃有各种型号，有固定重量的哑铃，也有可调重量的哑铃。如果空间很大，训练时需要灵活性，则一组固定重量的哑铃是最好的选择。功能性训练大部分时候不需要大型的哑铃，所以一组5~50磅（2~23千克）的哑铃对于任何人都很合适。如果选择等重型号，可以预装载想要的重量，一套35~45磅（16~20千克）的哑铃就很合适。

（二）弹力带和拉力器

接下来介绍功能性训练的必备器材，一组质量很好的弹力带或拉力器（图1-1-3）。绳索拉力器对于体能和运动表现有诸多益处，因为它能实现与自由重量相近的动作自由度。可以通过调整绳索拉力器，为所有身体部位提供阻力，这对于发展稳定性、肌肉耐力、肌肉力量和爆发力都很有效。使用绳索拉力器时，很重要的一点是确保绳索的拉力线与做功肌群的拉力线平行。另外，关节活动是由肌肉拉动骨骼产生的，肌肉不能主动地推。因此，每一个绳索练习都必须与肌肉的自然拉力线相匹配。例如，在进行肱二头肌弯举（肘关节屈曲）时，绳索应在垂直方向提供阻力，对抗肘关节屈曲。反过来也一样，比如站姿肱三头肌伸展练习，此时阻力的方向应对抗肘关节伸展（将肘关节拉向屈曲）；在站姿绳索划船时（肩关节伸展，肩胛骨后缩），阻力应对抗肩关节伸展和肩胛骨回缩；在站姿绳索胸前推时（肩关节水平内收），阻力应对抗肩关节水平内收。

图1-1-3 （a）弹力带

图 1-1-3（b）绳索拉力器

弹力带有各种颜色、形状和粗细。颜色分类体系用于区分橡胶的粗细，因此也可用于标示弹力绳和弹力带的阻力。弹性阻力就像橡皮筋那样，弹力绳越粗，拉长的阻力就越大，因此需要越大的力来拉长它。弹力带应当极少被拉长至超过其静息长度的 250%。如果弹力绳提供的阻力不足，就需要更换更粗的弹力绳或使用两条同样的中等阻力的弹力绳。需要注意的是，与细的或中等粗细的弹力绳相比，较粗的弹力绳在动作中会更早达到其弹力的极限，这可能会影响运动员在全活动范围内执行动作的能力，这也可能会对某些关节姿势造成过大的压力。因此，有时使用两条中等弹力绳作为升级是更好的解决办法。

（三）药球（实心球）

药球（图 1-1-4）是按照重量和尺寸进行分类的重量球，由不同的材料制成。药球是最早的抗阻训练手段之一，使用记录可以追溯到 3000 年前的希腊人和埃及人。药球这个名称来源于古代医师在康复疗程中的使用。几百年来，药球一直与瓶状棒、哑铃和箭靶并称为"健身四骑士"。药球在今天依然很受欢迎，因为它可抛可接，并且可以在不同运动平面中以不同速度为不同的动作提供阻力。药球可以像其他抗阻训练器材一样用于增加负荷，例如药球下蹲；它也可以增加练习时的不稳定性，如药球俯卧撑。

图 1-1-4　药球

橡胶球比较适合做向地板或者墙壁的投掷动作，因为橡胶球更加具有弹跳力，同时也因为这种材质更加耐用，能承受的投掷撞击力比较大。如果在训练的时候不想让药球反弹伤到自己，可以在墙壁或者地板上加上软垫阻挡，也可以选择合成革药球进行训练。一般进行投掷或者轻量运动训练时可以选择重量在 2~4 千克的药球，进行力量训练或者更加慢一些的运动时可以选择较重一些的药球。

（四）稳定球（瑞士球）

稳定球（图 1-1-5）也被称为瑞士球，它常见于各种训练机构中，适合广大的健身人群。稳定球由瑞士某位物理治疗师推广，用于帮助成年人治疗骨科问题。美国的物理治疗师开始观察并运用这一技术，将这种训练器材称为"瑞士球"。大多数稳定球的原材料是软质的聚氯乙烯（PVC），有多种尺寸。它们主要用于提高稳定性，也可以在下蹲动作中巩固正确的身体姿势。

图 1-1-5　瑞士球

（五）悬吊设备

悬吊设备（图1-1-6）是自重训练的一个创新性方法，它利用绳子和织带，让练习者可以在进行各种练习时与自己的体重对抗。悬吊式训练是一个独特的训练概念，可以通过不同的练习，以满足几乎所有的需求。悬吊式训练与传统练习的区别是：练习者的手或脚由单点固定的绳带提供支撑，而身体的对侧接触地面，使动作的加载或卸载可以满足不同需求和目标。悬吊式训练器材可以调节身体姿势和稳定性，在本体感受丰富的环境中进行多平面、多关节练习。

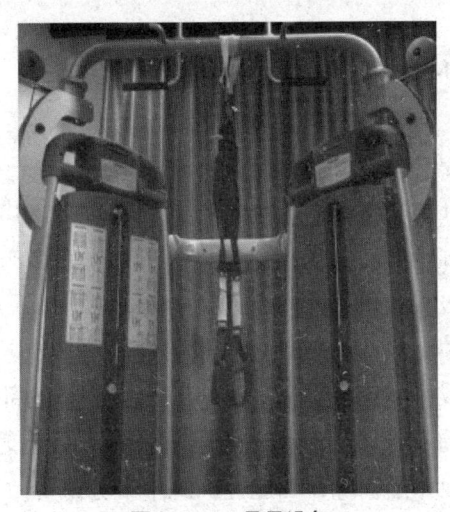

图1-1-6 悬吊设备

悬吊式自重训练带来的生理益处包括以下方面。
（1）增加肌肉的活力。
（2）减少对脊柱的压缩负荷。
（3）提升运动表现。
（4）有可能增加热量消耗。
（5）提高心肺功能水平。

（六）壶铃

壶铃是一个带有手柄的，底部扁平的铸铁球。壶铃最初是在市场和农场中作为称重的砝码，后来被俄罗斯军队用作体能和力量训练的工具。俄语中的壶铃是girya，其重量范围从非常轻的8磅（约3.6千克）左右到竞技级重量140磅（约63.5千克）左右。壶铃与哑铃、杠铃或药球都不同，其质量中心不在手柄，这就需要更大的力量和更好的协调性，并且在特定的动作中要同时募集更多的稳定肌和原动肌。摆动类的动作尤其如此，这是壶铃训练的基础。无论用双手、单手、双手交替握，还是放开再握住的动作，壶铃训练的各种动作和姿势都可以提高练习者的技巧、协调性、神经肌肉控制、动态力量。各种变式让练习者在动态地减少力和爆发式地产生力的过程中完成一次有趣、充满挑战和高效的训练。

第二节　功能性训练的动作特点和训练理念

一、功能性训练的动作特点

（一）强调核心柱的稳定性

人体的躯干部分在运动界又称为核心柱，目前的训练由之前的核心区力量训练发展为现在的核心柱训练，主要的训练区域为肩带至髋关节之间的区域。由于躯干支柱区域在运动过程中的作用十分重要，可以稳定姿态、传递力量，躯干连接着上下肢，所以整体上具有协调整合力量的作用。另外，这个区域的肌肉群可以控制身体的姿势形成和状态的调整，所以训练核心柱的部位可以稳定躯干，给四肢的运动奠定良好的基础。还有相关的研究表明，躯干支撑的训练可以预防运动损伤，所以，核心柱力量训练在功能性训练中十分重要。

（二）强调神经肌肉与本体感觉训练

神经对肌肉的控制十分重要，进行功能性训练可以加强神经的控制能力，激活神经系统和本体感觉，因为只有这两项激活了，神经才能更加精准地控制肌肉，无论什么样的复杂动作都可以完成。

神经和肌肉并不是孤立存在参与人体动作的，有一个专业术语叫"神经肌肉"其实就是这两者相互依存的证据，因为在中枢神经的参与下肌肉系统才能控制骨骼系统进行运动。可以说，人体要完成的一切动作都需要神经系统控制肌肉的收缩来进行。神经的控制产生肌肉的伸缩调节，肌肉的收缩才能实现人体运动。这两者工作的原理就是神经末梢传递给肌肉神经的冲动信息，这种信息就是"让肌肉收缩"的信息物质，兴奋信息的到达将引起粗细肌丝相互滑行，促使肌肉产生牵拉力量。神经主要靠运动单位的募集来达到对肌肉的调节。经过研究发现，运动员如果经历了两到三次的力量训练之后就能明显增加肌肉力量，其本质是神经对肌肉的控制能力的增强，并不是肌肉的生理改变。

人体在运动中的空间位置的获取十分关键，这主要依靠人们的本体感觉，同时这种感觉也能获得运动状态，为学习和完成不同的技术动作打下基础。本体感受系统主要通过位于关节韧带肌肉和肌腱上的本体感受器来感受关节的位置和受力，可以通过感受信号的传递逐渐提高动作的质量。其中，本体感受器具有敏锐的特点，一点影响技术动作的席位的改变都可以立刻反馈给大脑，大脑根据改变作出更加精细的改善指令，最终使得技术的动作更加准确。这项功能在传统的运动中并没有得到明显的重视，但是在功能性训练中就将本体的感觉提高到重要的地位，增加了这方面的训练。

（三）强调旋转训练

人体的运动有三个基本面，分别是矢状面、额状面和水平面。人在水平面运动可以将身体划分为上下两个部分，其中旋转运动就是水平面的运动。水平面的运动虽然十分重要，但是由于其特征比较难以精准地分析，并且，旋转运动在水平面运动中是最容易产生运动损伤的。水平面运动从训练和能力的角度来说是最重要的一面，就是因为这一面的旋转运动很容易产生运动损伤，这也是经过科学验证的，所以控制好旋转运动就能减少运动的损伤出现，在功能性训练中自然也就把旋转训练的比例提高了，预防运动损伤。

（四）强调动作模式训练

人体具有一系列相同的空间、时间、形状和方向等成分的解剖动作组合，即动作模式。最基本的人体动作模式主要是关于中心的移动，包括上下、前后、左右方向的移动，这些移动无疑是最基本、最简单的，也可以起到协调锻炼的作用。加强动作模式训练可以补偿人们因为基本的动作模式及专项的技能活动训练中的代偿现象，通过协调简单的动作减少运动损伤。

（五）负荷进阶方式多样

1.增加负重

增加负重也就让人体系统增加了外力承受的压力，同时也提高了机体的生理负荷。运动专业方面有一个"张拉整体"的专业名词，是指结构在张力和压力的协作下固有的稳定性，人体就拥有"张拉整体"的生物力学特征。人类的身体具有"张拉整体"的特征可以使得身体在负荷的变化下不断地重新排列自身结构来维持固有稳定性。也就是说如果身体的某个部位感受到了张力的负荷增加或者减小，相应的其他部位也会改变，来确保稳定性，比如人体要做从站立到下蹲的动作时会增加躯干周围的张力去维持腰椎的稳定性，因此，增加负重可以增加人体的运动功能。

2. 加大动作幅度

动作幅度是很多技术动作质量的一个重要判断标准，动作幅度大，需要躯干较高的控制能力，这也反射性地提高了躯干的控制能力。长期坚持持续加大动作幅度的训练，不仅有助于躯干部位稳定性的增强，也有助于运动损伤的预防，尤其是因为动作幅度缺乏锻炼而形成的拉伤等。

3. 增加动作速度

体育界的很多运动项目是完成的速度越快，越能得到好的运动成绩。越多的高速训练会促使机体的适应性越高，并且人体的神经系统可以发出高速的冲动，加快身体的反应速度。在传统的运动训练中高速训练往往容易被忽略，但是功能性运动训练就将高速训练放在重要位置，不断地进行高速运动。

4. 减小支撑面、加入非稳定支撑面

技术难度较低的运动一般支撑面会比较宽，因为这样身体会比较稳定。但是很多运动的技术动作难度是比较高的，如体操的支撑、足球的单脚支撑、篮球的三步上篮等，这些运动的支撑面都很小，所以身体就不容易稳定，增加技术的难度。所以在功能性训练中为了提高身体的稳定性会减小运动的支撑面，通过不断的锻炼提高身体的稳定性，调动身体更多的肌群来控制运动的姿势，从而完成动作。这类运动训练有很多，比如说改双脚站立为单脚站立，难度低一些的可以将双脚的距离缩小或者直接并脚站立减小支撑面，做桥式动作的时候可以用手掌或者拳头支撑地面，放弃手肘支撑地面的方式，如果在平面上进行运动，可以减小支撑的点数。在训练的时候也可以加入辅助的工具，比如瑞士球、平衡垫以及波速球，这些工具都有一个特点就是平面不稳定，做起来动作难度大。另外，也可以多进行单侧的练习来训练核心的稳定和本体的感觉。

5. 提高重心

运动的时候和地面的接触面积越大，高度越低，运动就越稳定。由于站姿的动作与地面的动作相比接触地面的面积更小，所以功能性越强，在运动设计上就多采用站立的姿势进行运动训练。运动的时候，运动员的重心越低，身体会越稳定，但是动作的难度也就降下来了，这也是因为重心低支撑面就大，增加了稳定性。依据这一点，进行功能性训练的时候会有意地将动作的重心提高来增加不稳定性，锻炼肌肉的力量和平衡性。比如平板支撑可以不在悬吊器材上进行，做俯卧撑的时候可以将脚放在瑞士球上完成，提高身体稳定性的锻炼水平。

6. 加大阻力矩

阻力矩加大需要比它更大的动力矩来与之抗衡才能完成动作，这也是杠杆原理的体现。所以在运动的时候我们可以通过改变身体位置和阻力源的位置来增加阻力矩，这样当我们做动作的时候就需要增加肌肉的收缩力量，加大动力矩来完成动作，这样，动作的整体难度有所加大，锻炼水平提高，身体运动能力也就提高了。

7. 使用不对称负荷

不对称负荷对身体的控制能力要求很高，所以加强对不对称负荷能力的训练也可以提高身体的稳定性。但是在传统的训练中，运动员多采用的是对称负荷的训练，不能达到很好的稳定性的标准，功能性训练增加不对称负荷的训练可以增加训练的功能性，提高训练与日常生活中活动及体育运动的效益转化。

二、功能性训练理念

（一）需求分析

不同的时期、不同的人群及不同的领域都有生命和活动的不同需求，要根据不同的需求和生活方式、个体现在和过去受到的运动损伤和运动的限制、个人的训练经验和现在的健身水平、选择的运动项目的技术特点等来选择运动方式。

更为具体的需求是在竞技体育领域，教练员针对运动员达到到什么样的身体运动能力、运动员本身处于什么样的身体运动能力，以及运动员自己认为本身需要具有什么样的身体运动能力、运动项目本身的能力要求等选择运动方式。需求分析需要我们具体问题具体分析，结合运动生理学、运动生物力学等多种学科去了解运动员的个性需求，根据需求制定运动方案。

这里以身体和四肢运动的基础生物力学为例进行分析，需要考虑的因素包括身体的空间位置、动作完成中身体各个部分所需的时间和条件、身体速度、完成整个动作的时间等。根据主要肌肉动作和动作发生的维度的检查，可以得出多方面结论，首先可以确定动作的模式，其次可以分析出比赛中哪些关节参与运动，另外可以知道肌肉的活动方式和动作发生的运动维度。通过对这些需求的分析，就可以确定动作的关键要素是什么，包括动作类型、关节活动范围、速度要求及代谢的需要等，这些都是十分关键的力量训练影响因素。

（二）筛查与评估先行

进行了需求分析之后，可以在正式的功能性训练开始之前进行一些专业筛查，根据筛查的结果来对人体的功能性运动弱项和强项进行一些科学的评估，分析存在的问题，根据评估的结果再进行训练方案的设计。

身体的筛查和评估十分重要，在任何时期和领域都要在运动训练之前进行筛查和评估。在竞技体育领域中，更是将筛查和评估作为训练的起点，比如会采用FMS筛查工具等进行运动功能障碍和问题方面的筛查和评估，之后可以根据评估出来的障碍问题制定相应的运动训练解决方案，这样既达到了功能性训练的要求，也解决了障碍问题。方案的制定内容其实就是训练手段和方法的综合。筛查和评估本身是一项系统化解决问题的方式，可以在运动训练之前给教练员和运动员提供运动内容选择的参考意见和运动关键的一些身体变量信息。针对运动员个人情况制定的训练方案，往往更加科学高效。

（三）无痛训练

在训练在过程中，运动所产生的身体疼痛可以作为衡量训练计划是否适合的标准，这就是无痛训练，经过观察和测量运动员的疼痛反应和运动员自己的疼痛反馈，教练员可以据此调整训练方案，确保运动员之后的训练方案不再产生疼痛。

在竞技体育领域，运动员追求挑战自我、追求卓越，竞技运动多少都会使运动员产生一些疼痛，以至于竞技体育界流传着一句话"没有疼痛，就没有收获"，但是这种疼痛和不适不是说任何疼痛都必须忍耐，一些运动员并没有真正理解这句话的意思，他们认为无论是剧烈的伤痛或者轻微的不适都是无伤大雅的，都是运动的必经之路，所以就只会选择忍耐，这其实是一种错误的做法。确实，竞技运动中有些疼痛是不可避免的，并且这些疼痛有利于身体锻炼，比如负荷性疼痛，或者在运动后肌肉会产生酸痛的感觉，这些都是正常的疼痛，但是有些疼痛是不正常的，是需要矫正治疗的，尤其是一些由运动损伤产生的疾病性的疼痛。这种损伤后的疼痛就需要及时就医进行矫正，继续运动只会加重伤情。运动比赛提倡不畏艰难困苦，但是也要在保证自己身体健康的前提下。

疼痛是机体在修复某些结构或组织时的一种机制。疼痛为运动和身体带来的影响包括限制活动的范围、改变动作模式、造成结构或者组织负重。其中，动作模式不可以轻易改变，一定要慎重选择，因为由于动作产生的伤痛是不可逆的永久性伤痛，不仅为运动员带来痛苦，影响职业生涯的发展，对生活也带来影响，所以一定要重视运动带来的疼痛。

（四）运动表现优先

运动员在没有伤痛的威胁下更重要的是提高运动员的竞技能力，身体功能性训练方案的设计和实施都是为了达到这个目标，所以为了提高竞技能力，训练的方案和手段都要具有很强的有效性和针对性。

运动成绩的创造靠的是运动表现和竞技能力，这也是运动员的职业特点。功能性训练要将运动的重点放在技能的改进上，比如单腿臀桥运动锻炼髋部肌肉和臀大肌，对于运动员的跑跳能力的提高有很大的帮助，多进行转体运动可以增加身体的旋转爆发力。

（五）质量优于数量

运动训练的质量得到提高比单纯提高运动的数量要有效得多，要提高运动完成的规范程度，增加动作的精准性，提高运动的质量要比重复性的运动更为有益。

质量和数量的矛盾一直以来都是竞技体育运动训练的热点话题，很多的教练员或者运动员往往将运动的数量放在首位，在训练的时候认为只要多花时间、多重复训练、加大强度就能将动作做得完美，提高运动的能力，但是这种做法是不对的，运动的质量才是训练首要考虑的因素。

传统的运动训练中，运动员往往更加注重训练的数量，在制订训练计划的时候只是有意地增加训练的次数和强度，但是对动作的质量和规范性很少考虑在内，在做运动的时候经常会出现错误的动作，错误的动作起不到良好的锻炼效果，最终也只能用其他方式进行代偿才能提高竞技水平，最终花了很长时间的训练也只是造成了无效训练，效率降低，同时动作的效果也差强人意，更重要的是容易出现对身体的损伤。所以，比较先进的运动理念是将运动的质量放在训练的首要位置，尤其是功能性训练更是以训练的质量来衡量训练效果，负重只是一个参考，比如一个运动员只是基础水平，直接越过三点或者四点的平板支撑去做两点支撑的对侧平板，没有掌握好动作规范和技巧，虽然看起来运动强度更大了，但是不规范的动作得到的效果还不如多点支撑，准确高质量的 60 秒三点支撑要比低质量的 30 秒对侧平板两点支撑要高效很多。

（六）训练与再生结合

身体运动后需要进行放松和恢复，训练与再生结合就是要在功能性训练之后进行适当的放松，要制订相应的计划去放松，并要加上低负荷的有氧运动，可以促使肌肉和神经系统的恢复，提高代谢率，促进能量系统和免疫系统更好地工作。

现代竞技体育发展十分迅速，最明显的表现就是可以供运动员参加的比赛越来越多，这些比赛的数据可以为运动相关的专业科研人员提供更多的参考数据，在运动员身体恢复方面也可以得到发展。现代的运动身体恢复系统除传统的恢复方法之外又增加了再生训练，形成了恢复和训练相结合的运动系统。恢复是运动比赛后的必要阶段，也是运动疲劳之后必需的生理反应，这也是一种为补偿和恢复体内平衡而进行的全身生物输出。但是恢复系统会忽略运动涉及的各种子系统。再生属于更加具体的术语，和恢复正好相反，再生考虑在人体运动的过程或者压力应用的过程中，比如在糖原恢复、热反应等关联的各种子系统的大小和时间这些方面对压力的反应状况。再生是一种运动训练，并且是有计划性的，在对身体进行恢复的同时也会促进肌肉和软组织的超纤维结构的损伤的修复，促进器官的健康运行。再生训练有很多方法，包括低负荷的有氧运动、肌筋膜梳理、水疗法等。再生的目的就是提高身体的运动周期的质量。

第三节　功能性运动表现的整体连续性

一、功能性和有效训练的标准

对于自己的运动员，专项教练和体能教练经常不知道一项练习是不是正确的训练，甚至不清楚这项训练是不是适当的。一项具备功能性和有效性的训练应该是具有生物力学特征的，训练的时候没有痛苦，并且形式良好，每段时间都能不断地提高质量。

（一）生物力学特征

练习方法越贴近模拟目标，就越具备专项性和功能性的特征。

然而，也有许多有效的训练不符合这一通用原则。例如，单腿蹬推和瑞士球单腿臀桥是两项功能性练习，能够加快跑步速度，但是看起来与跑步全然无关。这些训练方案因为其特征适用于训练的某个部分，因此也适用于整个训练。在瑞士球单腿臀桥的练习中，显然缺少跑步动作中的垂直负重。然而，此训练却能帮助拉伸髋部肌肉，同时帮助控制屈伸动作。事实上，瑞士球单腿臀桥训练可以帮助暂时不能跑步的跑步运动员，他可能由于胫前疼痛或下背部损伤不能跑步，因此，瑞士球单腿臀桥训练成为一项最强大的功能性跑步练习项目，即使它看起来一点都不像跑步。

（二）无痛训练

疼痛对于体能训练是非常重要的。每个人都欣赏坚韧的精神，以及在竞技场上克服痛苦坚持比赛的毅力；然而，训练应该是没有疼痛的。疼痛是机体在修复一些结构或组织的时候所产生的，疼痛会影响动作的范围，并且有时候会改变训练模式增加身体的负重，所以，带着疼痛的感觉进行训练也就改变了训练的模式，这种训练不能提高运动员的运动水平，甚至会造成他们一生的伤痛。这就是为什么我们说训练会伴随痛苦，但不是带着疼痛训练。

（三）良好的控制

正确的训练方式、良好的控制，对于推动训练进程是必不可少的，而不是可有可无。肌肉和肌肉系统在运动的时候协同运动产生力，这是正确的训练的表现，这样也可以将力更好地化为强度和力量，这是因为更加协调的运动方式使得身体的力量产生是源源不断的。

正确的训练也能在更多的肌肉系统上更好地分配力量。这意味着没有某个关节或结构需要过量负荷，避免了在具体身体部位上的大量磨损和撕裂，比如膝盖。良好的训练质量也可以帮助预防损伤，大大减少非接触性损伤，如前交叉韧带撕裂等。

（四）稳定地进步

传统意义上，进步就像是一个运动员可以举起不断增加的重量。然而，进步有很多形式。进步的表现还在于更少的痛苦和更快的速度、更好的体能等。功性能的角度更多的是从主观评估的角度来评价进步，而不是量化性的结果。

而这些都很难写在纸上：稳定性如何通过单腿手臂前伸得到改善，身体如何通过T型俯卧撑的旋转变换提高硬度，或是骨盆和脊柱如何通过弓步摸脚得到协调改善。

欲速则不达，进步的关键是耐心和循序渐进。大多数运动员和教练都同意这一点，但很少有人会真正付诸实践。在功能性训练中最大的错误就是把它当成普通训练，缺乏循序渐进的过程，这往往是由于缺乏耐心。体能教练、专项教练甚至运动员总是想提前进入更高级的训练或开始更大的负重，但是不能很好地控制进程，前进得太快，实际上是减慢了进程，使运动员不能获得足够好的训练质量。例如，现在每个人都想做单腿手臂前伸，却没有花足够的时间训练交错站立的手臂前伸。完美地执行 20 个交错站立的手臂前伸，相比做 10 个质量不高的单腿手臂前伸，可以得到更好的训练成果。因此，要取得稳步进展，应该在大量基础练习的训练质量不错的前提下再往上进阶。

二、控制功能训练的强度

（一）控制运动速度

改变运动的速度可以改变任何训练的强度。一般来说，运动越快，难度越大。这是因为需要增加额外的动力来降低速度所产生的势能。尤其是爆发力运动，如跳跃。自重跳跃在起跳和降落时比自重下蹲需要更大的力。

但是，速度在一些力量训练中起到另一种作用。减慢训练速度可以增加此强度下的训练时间，扩大成果，同时增加训练强度。例如，如果运动员可以快速执行 10 次引体向上，那么可以减慢速度，数 3 下拉起身体，数 3 下降身体，并将重复次数改为 4 或 5 次，从而提高训练效果。

（二）控制力臂

力臂就是练习时施力点到固定点的距离。力臂越长，负重越大，练习难度越大。

力臂最常见的用途是在功能性训练中作为变量因素，可在俯卧撑这种运动中看到。贴近地面的完全俯卧撑比用双手扶在健身椅上的俯卧撑更难，也比用双膝代替双脚支撑的俯卧撑更难。这是因为地面俯卧撑的力臂最长，就是从双脚（固定点）至肩部（最远端）的距离最长。同样的道理也适用于飞鸟与健身椅仰卧推举的对比，以及侧平举与肩推的对比。

（三）控制支撑基础

控制支撑基础可以大大改变练习的强度。增加支撑基础，可以提供更好的稳定性和平衡性，减少稳定点的负重和移动难度。

减少支撑基础会在支撑结构上施加更大的压力。例如，相比双腿肱二头肌屈臂，执行单腿交替肱二头肌屈臂要求更好的重心和髋部稳定性，以便保持 7 型框架。因为平衡的需要，哑铃移动速度更慢，使肱二头肌保持的更长时间紧张（即更好地增加刺激）。

减少支撑基础（从四点姿势改成三点姿势），同时增加了其他支撑结构的负重，例如三点俯卧撑。在三点俯卧撑中，不仅在支持手臂上可以看到更大的负重，而且重心也改变了，必须避免身体转动或垮塌。

（四）控制动作幅度

调整练习的动作幅度可以极大地改变动作难度和训练强度。更大幅度的动作，尤其是慢速的、受控的运动中的移动，势能对产生移动并不重要，需要更多的做功和更强的控制。比如在手臂前伸和单腿下蹲的训练中可以看到：相比伸手向前至膝盖，伸手向前碰脚更难；相比单腿半蹲，单腿深蹲更难。仅仅是增加几英寸（1英寸等于2.54厘米）的深度或范围，就可以将初级练习转变成高级练习。在强度上，可以将从初级到中级的转化看作一个金字塔，有一些组合是在最高级别的强度上执行的，有一些组合是在中等级别的强度上进行的，其他的是在最容易的强度级别执行的。

要想调整一些简单练习，使之从初级进阶至高级，那么增加几英寸的移动是一个优秀的方案。训练时可使用不同的运动分组，在团队训练时，这种改变至关重要，在私人训练时也是如此，根据运动员的能力区分，有时两人一起训练，有时组成小组一起训练。

（五）其他操作策略

还有其他退阶或进阶功能性练习强度的办法。最明显的是增加外部的阻力，例如使用哑铃、药球、弹力带或拉力器，从而增加训练强度。增加移动，例如在某个练习（如弹力带推举、弹力带划船）中增加上台阶动作和转动，也可以增加训练强度。增加刺激，例如震动平台或振动杆，也可以增加下蹲和手臂前伸等练习的难度。震动可以增加不稳定性和额外的本体感受，从而增强肌肉和肌肉系统间的通信。通信提高后，可以通过具体的功能性练习转化成功。但是，必须出于具体的原因使用震动。

其他控制功能性训练强度的策略包括向在目标指定的具体三维动作平面内运动，或使用具体的驱动来推进期望的移动模式。例如，单腿手臂前伸可以通过变成向同侧前方伸手得到增强，也叫作 ABC 模式。在运动员前伸去碰稳定脚的内侧和外侧的时候，此模式迫使髋部作出更大的旋转。

第二章 青少年生长发育的生理学基础

随着年龄的增长，人们从儿童时期进入青少年时期，这个时期的生长发育有着明显的特点，本章从骨骼肌肉、神经系统、心肺代谢系统三个方面介绍青少年的发育特点。

第一节 青少年骨骼肌肉系统发育特点

骨骼系统在人体中的作用就是支撑人体，骨骼系统包括骨骼结构和软骨组织，青少年阶段尤其是10~14岁这段时期骨骼处于生长的高峰期，这个阶段由于骨组织生长较快、骨骼中的水分和胶原蛋白较多、无机物比较少，骨密质也很薄弱，所以骨组织的韧性和弹性很大，在外力的作用下容易变形，稍有不慎就容易造成骨骼损伤。到了15~16岁的时候，钙质增多，水分和有机物反而会变少，但是这个时期的骨骼仍然没有发育成熟，虽然支撑力增强了，但是坚固性仍然不高。男女生骨化的年龄也不相同，女生要比男生早，女生一般在16~17岁，男生在17~18岁，并且不光性别上骨骼发育有区别，不同的部位发育也有先后，髋骨在19岁以后才完全骨化，脊柱骨要等到20~22岁才能完全骨化。在这之前，过大的负荷会影响骨骼的发育，一些骨骼的损伤甚至会影响到更多的机体健康，比如未骨化的骺板本身更加容易受到外力影响造成创伤，这个部位的损伤会影响骨骼的血液和营养供给，严重的会导致永久性的生长紊乱。

肌肉是附着在骨骼上的系统组织，骨骼组成人体框架，肌肉的收缩带动骨骼及关节的运动。肌肉系统可以称得上是人体的主要"动力系统"，目的是支撑身体并产生身体活动。青少年阶段12~15岁这段时间，肌肉随着骨骼的生长方向纵向生长，但是整体的生长速度没有骨骼生长得快，同时这个阶段的肌肉发育不完整，伸缩性和耐力都不强。肌肉的力量也会随着年龄的增长而增加，同时这也和肌肉量有相关性。15岁之后，小肌群快速发育，15~18岁的阶段是躯干肌群力量的重点发育期。在性别上，一般男生的肌肉力量增长速率比女生要快，女生的增长速率变化不大，女生在15~17岁的肌纤维会逐渐变粗，男生是在17~18岁之后，这个时期可以明显感到肌肉力量的增强。15—18岁是肌肉力量增长最快的时期。

生理功能与生物年龄的关系相比于生物的实际年龄更加紧密。通过参加一定的运动训练，在一定的时间内，同样性别的青少年早熟的体质就比晚熟的体质绝对力量更强。一般来说，早熟的青少年的体型更加倾向于中胚型（肌肉型和较宽的肩部）或内胚型（较圆和较宽的髋部），而晚熟者倾向于外胚型（苗条而高），如图2-1-1所示。不同的身材会带来不同效果的抗阻训练，所以青少年参加运动训练时，要根据他们的身材和发育的程度的特点制定个性化的训练方案，尤其是对于一些身材发育晚、体型处于劣势的青少年制定适合他们的运动训练方案。

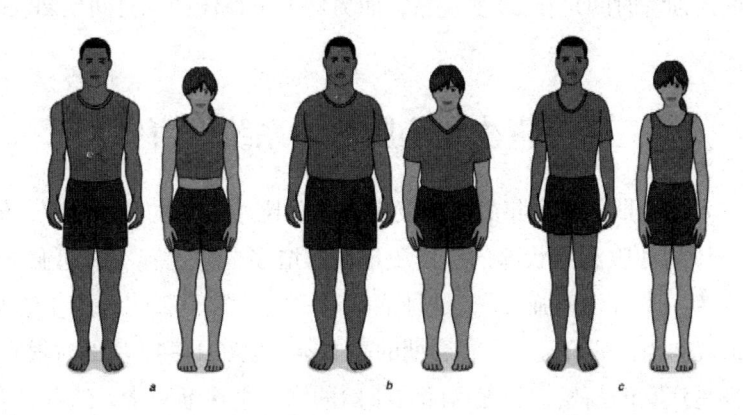

图2-1-1 （a）运动型体格、（b）胖型体质、（c）瘦型体质

第二节 青少年神经系统发育特点

影响肌肉力量有两个重要因素，一个是肌肉纤维的体积，另一个就是神经系统的发育。尤其是神经纤维的髓鞘发育，会影响快速反应型的运动和技术性的运动，同时力量爆发型的运动也受到髓鞘的影响。在青少年的13~14岁阶段，大脑的皮质分化能力还发育得不完善，这个时期小肌肉群也没有开始发育，虽然可能青少年的综合分析能力得到发展，条件反射可以慢慢地建立起来，但是因为分化能力的不完善，还是不能操作一些复杂的、精细的动作。在14~16岁青少年的大脑皮质分化能力才会进入高速发展期，其中在性别上，女生的发展比较早，这个时期的女孩可以掌握复杂的高难度动作，适合在体操、花样滑冰等技巧性的项目上进行训练。可以看出，在青少年时期的一些运动和成年人的身体运动水平还是

有很大差距的，不能拔苗助长，使青少年进行成年人的运动训练模式，要循序渐进，找到适合他们的运动。

青春期阶段，青少年的整体肌肉质量会增加，肌肉的力量也得到了提高。经过研究发现，青少年的肌力变化和肌肉质量的变化很相似。对于男生来说，肌力的最高峰出现在身高增长的最高峰之后一到两年之后，也是在体重增长最高峰的 0.8 年之后，所以相对来说体重比较适合作为发育的指标。在青少年肌肉高速增长的阶段，先是肌肉的质量增加，之后就是肌力的增加。关于男女性别上的差异，女生和男生一样，肌力增加的最高峰是在身高增长最高峰之后，在个体差异上，女生要比男生更大。在青春期前期的肌力增长速度女生要比男生的差异较小。女性力量的最佳训练时间是在 20 岁左右，而男性力量最佳训练时间是 20~30 岁。

第三节 青少年心肺代谢系统发育特点

刚刚进入青春期的青少年心脏的发育速度要比血管的发育速度快，但是由于这个阶段人体的性腺和甲状腺的腺体激素分泌增多，特别容易引起血压的升高，专业上称之为"青春性高血压"，这种症状有一定危害，影响青少年的发育，因此一定要重视起来。研究显示，青春期的高血压一般在 11~12 岁的时候开始出现，在 15~16 岁是症状的高发期，之后随着年龄的增长会逐渐减少，这种青春期高血压的特点是收缩压比较高，一般低于 150 mmhg，起伏明显，但是舒张压在正常范围内，并且这种情况反而会发生在身体发育良好但是身体的增长速度过快的青少年身上。在儿童时期，人体的胸廓较小，呼吸的肌力也较小，所以这个阶段的肺活量也很小，呼吸的频率比较快。到了青春期，在 10~11 岁和 13~14 岁这个阶段身体的摄氧量会加大，直到十六七岁才会慢下来，根据这种心肺特点，要遵循人体发育规律，合理制定锻炼方案，渐渐提高青少年的心肺功能。

第三章 青少年功能性训练的基本动作

青少年体质下降的主要原因是中小学时期严重的运动不足而导致的运动习惯缺失，功能性训练能有效改善青少年的身体状况，本章介绍了青少年功能性训练的基本动作，分别为抗阻动作训练、垫上动作训练、弹力带动作训练和悬吊动作训练。

第一节 抗阻动作训练

一、抗阻训练概述

（一）抗阻训练的理论基础

1. 抗阻训练的内涵

抗阻训练的关键就是人体完全依靠自身的力量对抗外界阻力。其中，阻力的种类很多，包括来自他人、自身的身体、专门的运动器械、弹力带、哑铃等，主要锻炼的就是肌肉的力量和肌肉的耐力。一般我们会将抗阻力训练按照肌肉收缩的方式分为静力性收缩活动与动力性收缩活动。其中动力性收缩活动又分为固定负荷和不固定负荷。这些运动都对肌肉力量和耐力有很好的锻炼作用，给肌肉带来不同的刺激效果。动力性抗阻运动和人类正常的生活活动方式十分相似，非常适合人们锻炼，尤其是身体健康的人可以选择这种运动方式来加强身体锻炼，本书就是采用的动力性收缩活动的抗阻训练为青少年进行运动示范。

2. 抗阻训练的突出功效

经过美国国家体能协会（NSCA）的研究发现，抗阻训练可以提高身体的最大力量、耐力、爆发力等，坚持锻炼下去并且方法恰当会有意想不到的收获。

相关专家表示参加抗阻力跑可以加强肌肉的离心负荷能力，并且要比其他的运动更加能在肌肉中增加弹性能量，从而加大肌肉的爆发力。

抗阻力跑尤其适合短跑项目的训练，因为短跑项目更需要最大力量和短时的爆发力，抗阻力跑就是不错的选择。同时抗阻力跑也可以促进运动员的髋、膝、踝三个关节的伸肌力量和大腿的摆动力量。抗阻力跑的运动技术十分接近于短跑技术，抗阻力跑所增加的力量可以向短跑运动进行迁移，并且抗阻力跑的训练方式也十分安全，不会给运动员带来很大的负担，是一种非常适合短跑运动员的训练方式。

3. 抗阻速度训练器的优势

进行抗阻训练可以使用抗阻速度训练器，这种运动器材可以调节阻力，器材上可以显示阻力的大小，并且简单易操作，只要进行水平的运动就可以获得相应的阻力。

抗阻速度训练器对于学生甚至运动员来说是一种比较新颖的运动器材，由于器材比较新颖，更加容易引起学生的学习兴趣，学生对此感兴趣，对之后的练习充满期待，就更加有利于之后的训练，这也有利于抗阻训练的推广，在全社会的民众健康方面起到好的宣传作用。

（二）抗阻训练的渐进性适应

1. 稳定性

稳定性是人体动作系统在所有动作过程中提供最佳动态关节支撑，以维持正确姿势的能力。换句话说，稳定性就是以大小合适的力，在适当的运动平面上，在正确的时间激活正确的肌肉。这需要高水平的肌肉耐力来优化原动肌的募集，以增加向心力的产生和减小离心力。在可控的不稳定环境中重复进行练习能提高身体稳定和平衡自身的能力。相反，如果没有在可控的不稳定环境中进行练习，将不会获得同等水平的稳定性，其稳定性甚至可能会变得更差。研究显示，稳定性不足会对肌肉力量的产生有负面影响。稳定性是重要的训练适应，因为它提高了动力链在动作过程中维持核心肌群和关节的稳定的能力，让双臂和双腿能够更高效地工作。

2. 肌肉耐力

肌肉耐力是长时间产生和维持力量的能力。提高肌肉耐力是所有健身计划中必不可少的组成部分。发展肌肉耐力有助于提高核心肌群和关节的稳定性，这是增强肌肉肥大、最大力量、爆发力的基础。核心的肌肉耐力训练重点是募集负责姿势稳定的肌肉，即Ⅰ型肌纤维。

研究显示，采用高重复次数的抗阻训练方案是提高肌肉耐力的最有效方式。

此外，周期化训练计划也可以增强局部肌肉耐力，先前未经训练的人在经过初始训练取得成效后，多组周期化训练提高肌肉耐力的效果比单组训练更好。

3. 肌肉肥大

肌肉肥大是骨骼肌纤维的增大，这是肌肉被募集以提高张力水平所产生的反应。肌肉肥大的特征是由肌原纤维蛋白（肌丝）增加引起的单条肌纤维的横截面积增加。尽管未经训练的运动员在多周（4至8周）内可见的肥大迹象可能不明显，但无论使用什么训练强度，该过程都会在训练的早期阶段开始。

使用中低重复次数范围和渐进超负荷的抗阻训练方案会导致肌肉肥大。采用多组数的结构性渐进抗阻训练计划将帮助青少年和老年人增加肌肉肥大。采用为期24周，每周3天，每天3组，每组8至12次重复的训练方案可增强肌肉肥大并改善身体成分。因此，使用中低重复次数和逐渐提高负荷的渐进式抗阻训练计划将会导致老年人增强肌肉肥大。

4. 力量

力量是神经肌肉系统产生内部张力（在拉动骨骼的肌肉和结缔组织中）去克服外部阻力的能力。无论外部阻力要求神经肌肉系统产生稳定性、耐力、最大力量还是爆发力，肌肉的内部张力都是产生力的原因。内部张力的大小是力量适应的结果，训练产生的力量或内部张力的具体形式以训练者采用的训练类型和强度为基础（专项性原则）。

传统的抗阻训练计划侧重于发展单一肌肉的最大力量，强调单一运动平面（通常是矢状面）。由于所有的肌肉都会在全部3个平面（矢状面、冠状面和水平面）内以不同的速度向心、等长和离心地工作，训练计划的设计应该采用渐进式方法，强调合适的练习选择、所有的肌肉活动和重复节奏。

由于肌肉在中枢神经系统的控制下工作，力量不仅仅被认为是肌肉的一项功能，还应该是激活神经肌肉系统的一个结果。初级水平的训练者进行结构化、渐进式抗阻训练能快速增加力量。力量增加的原因之一是所募集的运动单位数量增加、在训练计划的初期尤其如此。使用更大的负荷会提高对神经的要求，并募集更多的肌纤维，直至达到募集平台期，之后，力量的继续增加则是肌肉肥大的结果。

我们不能孤立地谈论力量。力量建立在稳定性的基础之上，而这需要肌肉、肌腱和韧带准备好承受在初始训练阶段后为增加力量所要求的负荷水平。而稳定性训练的设计要考虑到Ⅰ型肌纤维的特征（收缩速度慢、低张力输出、耐疲劳），力量训练的设计则需要与Ⅱ型肌纤维的特征相匹配（收缩速度快、高张力输出、易疲劳）。因此需要通过改变训练的关键变量（组数、重复次数、强度等）来利用每一种肌纤维的具体特征。力量的增加大部分在抗阻训练的最初12周内发生，其原因是神经的募集增加和肌肉肥大。中级和高级的举重运动员会觉得有必要按照合理的周期时间表来执行在训练量和强度方面要求更为苛刻的训练计划。

5. 爆发力

爆发力是神经肌肉系统在最短时间内产生最大肌力的能力。这可以由力乘以速度的简单等式来表示。爆发力适应建立在稳定性和力量适应的基础之上，以日常生活和体育运动中可以看见的现实的力和速度来运用。爆发力—抗阻训练的重点是让神经肌肉系统尽可能快地产生力（力的产生速率）。

力或速度的增加都会让爆发力增大。爆发力训练可以采用增加重量（力）的方法来实现，或者通过增加重量移动的速率（速度）来实现。爆发力训练通过增加被激活的运动单位的数量、运动单位间的同步及激活运动单位的速度，提高力的产生速率。一般适应综合征和专项性原则都要求，为了使这一类型的适应训练的效果最大化，必须以尽可能快的方式（可控）移动轻负荷和重负荷。因此，以超级组形式使用这些训练方法可以产生必要的适应，增强身体募集大量运动单位和增加激活速率（速度）的能力。早期的等速研究工作也强调了运动速度的重要性，证明以高速度进行的训练可以使得在训练速度及所有动作速度低于训练速度的情况下有更好的运动表现。

（三）抗阻组合训练方法手段设计的基本原则

1. 循序渐进的原则

运动的动作方案设计一般既包括简单的运动量较小的动作，当然也包括难度高、运动量大的动作。对于初学者来说，基于身体素质等原因适合从最基础的做起，比如说可以从走步动作开始锻炼，之后是跑步，再然后是跳步。其中，走步动作的运动量很小，难度比较低，而跳步动作比较复杂，包括一些起跳和伸展等较高难度的动作，运动量大的同时也对身体的柔韧性和控制力有要求。其实在每个不同分类的动作中也分先后和难易，我们通常都是先简单后困难，循序渐进地进行锻炼。

2. 分模块原则

抗阻训练的方法分为很多的模块，有抗阻训练器结合田径基本步伐的练习、有结合田径专项的组合练习等，当然也包括一些抗阻训练器结合其他的一些运动器械的组合运动，这里就不一一列举了。

3. 选择性原则

一项运动或者动作并不是所有人都适合做的，不同的人做同样的动作也会有不一样的效果，这受到自身的身体素质影响比较大。所以在选择动作上，不同的人可以根据身体的因素或者要达到的目的选择适合自己的动作方法。

4. 完整性原则

运动员在练习前要做好准备工作，如热身运动等，在运动后也要做好身体的拉伸恢复放松的运动，这两种练习前和练习后的活动都不能忽视，这些准备和放松工作不仅可以预防肌肉被拉伤，也会使运动的效果更好。在实际的训练中，可能很多人可以做到练习前的基本准备工作，但是练后的放松工作却会容易忽略。经过研究发现，运动后的放松活动可以消除疲劳，放松身体的内脏器官和心理，有效的放松运动可以提高运动训练的效率，加快运动员的身体健康恢复与发展。

二、抗阻训练组合的实践训练

（一）结合田径基本步伐的抗阻训练

1. 小跑步

动作方法：正向站于训练器前方，绳索挂在身体后腰正中位置；上体稍前倾，两臂前后自然摆动；一腿膝关节向前摆动，髋关节稍有转动，同时另一腿大腿积极下压，前脚掌扒地，着地时膝关节伸直，动作过程中膝关节要有弹性，后脚跟提起，两脚交替进行；水平向前行进10米接加速跑25米。

注意事项：绳索阻力因人而异，以不影响动作准确性为准，建议阻力要尽量小，步幅小，频率快。

训练目的：锻炼腰肌、腓肠肌，锻炼身体的灵活性和协调性。

2. 后退小步跑

动作方法：背向站于训练器前方，绳索挂在身体后腰正中位置；上体稍前倾，两臂前后自然摆动；一腿膝关节向后摆动，髋关节稍有转动，同时另一腿大腿积极下压，前脚掌扒地，着地时膝关节伸直，动作过程中膝关节要有弹性，后脚跟提起，两脚交替进行；向后行进10米接转身加速跑25米。

注意事项：绳索阻力因人而异，以不影响动作准确性为准，建议阻力要尽量小，步幅小，频率快。

训练目的：锻炼腰肌、腓肠肌，锻炼身体的灵活性和协调性。

3. 高抬腿跑

动作方法：正向站于训练器前方，绳索挂在身体后腰正中位置；上体稍前倾，摆动腿的大腿积极向前上方摆至水平位置，带动同侧髋稍向前，同时另一腿大腿要积极下压，重心提起，前脚掌着地，双腿交替向前进行，双臂配合双腿前后摆动；向前快速跑动 10 米接加速跑 25 米。

注意事项：绳索阻力因人而异，以不影响动作准确性为准，上体不要后仰，支撑腿的踝关节要起到缓冲的作用。

训练目的：提高下肢肌肉群的蹬、撑能力，锻炼腿部力量。

4. 侧向高抬腿跑

动作方法：侧向站于训练器前方，绳索挂在身体后腰正中位置；上体稍前倾，摆动腿的大腿积极向前上方摆至水平位置，带动同侧髋稍稍向前，同时另一腿大腿要积极下压，重心提起，前脚掌着地，双腿交替向侧面行进，双臂配合双腿前后摆动；侧向跑动 10 米迅速转身向前加速跑 25 米。

注意事项：绳索阻力因人而异，以不影响动作准确性为准，上体不要后仰，支撑腿的踝关节要起到缓冲的作用。

训练目的：锻炼腹外斜肌、下肢肌肉群的蹬、撑能力，锻炼腿部力量，提高身体的协调性。

5. 后退高抬腿跑

动作方法：背向站于训练器前方，绳索挂在身体后腰正中位置；上体稍正直，摆动腿的大腿积极向前上方摆至水平位置，带动同侧髋稍向前，同时另一腿大腿要积极下压，重心提起，前脚掌着地，双腿交替后退进行，双臂配合双腿前后摆动；向后跑动 10 米迅速转身向前加速跑 25 米。

注意事项：绳索阻力因人而异，以不影响动作准确性为准，上体不要后仰，支撑腿的踝关节要起到缓冲的作用。

训练目的：提高下肢肌肉群的蹬、撑能力，锻炼腿部力量，提高身体的协调平衡能力，增强娱乐性。

6. 垫步高抬腿跑

动作方法：正向站于训练器前方，绳索挂在身体后腰正中位置；上体稍前倾，摆动腿的大腿积极向前上方摆至水平位置，带动同侧髋稍向前，同时另一腿大腿要积极下压，重心提起，前脚掌着地，与此同时支撑腿迅速原地垫步一次，双腿交替向前进行，双臂配合双腿前后摆动；向前有节奏地跑动 10 米接加速跑 25 米。

注意事项：绳索阻力因人而异，以不影响动作准确性为准，上体不要后仰，支撑腿的踝关节要起到缓冲的作用，垫步时要迅速。

训练目的：提高下肢肌肉群的蹬、撑能力，锻炼腿部力量。

7. 垫步高抬腿转高抬腿跑

动作方法：正向站于训练器前方，绳索挂在身体后腰正中位置；上体稍前倾，前面垫步高抬腿与高抬腿的动作方法都有介绍；先做 8 米的垫步高抬腿不间断，直接再做 10 米的高抬腿跑，再接加速跑 20 米。

注意事项：绳索阻力因人而异，以不影响动作准确性为准，上体不要后仰，支撑腿的踝关节要起到缓冲的作用，动作衔接要迅速。

训练目的：提高下肢肌肉群的蹬、撑能力，锻炼腿部力量，训练反应能力和机体的适应能力。

8. 半高抬腿跑

动作方法：正向站于训练器前方，绳索挂在身体后腰正中位置；上体稍前倾，摆动腿的大腿向前上方摆至与地面成 45°左右的位置，同时另一腿大腿要积极下压，重心提起，前脚掌迅速着地，双腿交替快速向前跑动，双臂配合双腿前后自然摆动；向前跑动 10 米接加速跑 25 米。

注意事项：绳索阻力因人而异，以不影响动作准确性为准，阻力尽量调小，支撑腿迅速蹬地摆腿，步幅小，频率快。

训练目的：提高下肢肌肉群的蹬地能力。

9. 侧向半高抬腿跑

动作方法：侧向站于训练器前方，绳索挂在身体侧腰正中位置；上体稍前倾，摆动腿的大腿向前上方摆至与地面成 90°左右的位置，同时另一腿大腿要积极下压，重心提起，前脚掌迅速着地，双腿交替快速侧向跑动，双臂配合双腿前后自然摆动；向前跑动 10 米迅速转身向前接加速跑 25 米。

注意事项：绳索阻力因人而异，以不影响动作准确性为准，阻力尽量调小，支撑腿迅速蹬地摆腿，步幅小，频率快。

训练目的：锻炼腹外斜肌，提高下肢肌肉群的蹬、撑能力，提高速率，提高身体的协调性。

10. 单腿扒地行进

动作方法：正向站于训练器前方，绳索挂在身体后腰正中位置；上体稍前倾，以膝关节为轴，一腿向前伸，积极下压落地，前脚掌迅速扒地，另一腿配合自然向前拖动，循环向前行进，双臂配合自然摆动；向前跑动 15~20 米接加速跑 20 米左右。

注意事项：绳索阻力因人而异，以不影响动作准确性为准，步幅小，频率快，扒地迅速有力。

训练目的：锻炼腰肌、前脚掌扒地能力，提高身体的协调性。

11. 车轮跑

动作方法：正向站立于训练器前方，绳索挂在身体后腰正中位置；一腿高抬，身体重心较高，摆到最高点时迅速制动，随即摆动腿积极下压，小腿自然前伸做"鞭打式"扒地动作，前脚掌积极扒地；两腿交替进行，两臂配合自然摆动。

注意事项：前脚掌积极扒地，支撑腿前摆时小腿随着惯性与大腿折叠；扒地、高抬腿时膝关节放松，大腿积极下压。

训练目的：提高髋部屈伸肌群的摆动力量，以及对抗和相应肌群的运动协调能力，锻炼股二头肌的力量。

12. 跨步跳

动作方法：正向站于训练器前方，绳索挂在身体后腰正中位置；后腿用力蹬伸，放脚的一瞬间自然停留在身后，小腿放松，大致与地面平行，大腿和小腿之间的夹角在 120°左右，前腿屈膝主动前摆送髋，落地时小腿积极后拉，脚掌扒地，手臂上摆，到与肩同高时制动，有明显的腾空；循环向前跑动 10 米接加速跑 25 米。

注意事项：全脚掌着地，后腿脚尖离地时自然下垂，踝关节放松，步幅大，提重心。

训练目的：发展腿部爆发力和弹跳力，培养大腿积极主动前摆和下压的能力，有助于提高运动员三级跳远的成绩。

13. 后蹬跑

动作方法：正向站于训练器前方，绳索挂在身体后腰正中位置；上体正直或稍前倾，两臂自然摆动；摆动腿积极向前上方摆到水平位置，同侧髋带动大腿充分前送，同时另一腿大腿积极下压，小腿前送至前脚掌着地，膝、踝关节缓冲，迅速转入后蹬；后蹬时摆腿送髋，随即膝、踝充分蹬伸，腾空时重心前倾，两腿交替向前跑动 10 米接加速跑 25 米。

注意事项：身体重心前倾，后腿伸直，前腿下压快，前脚掌着地迅速扒地，腾空时身体尽量放松，频率快。

训练目的：发展腿部力量，提高后蹬能力。

（二）结合田径专项的组合训练

1. 跳高

（1）放腿送髋

练习方法：正向站于训练器前方，绳索挂在身体后腰正中位置；左腿向前迈一步送髋，右腿顺势拖拉，随即右腿向前迈步，双臂配合自然摆动，重复做此动作 10~20 米。

注意事项：送髋时身体不要刻意后仰，放步不要过大。

训练目的：加强运动员跳高起跳瞬间的送髋意识。

（2）上步摆腿

练习方法：正向站于训练器前方，绳索挂在身体后腰正中位置；右腿快速向前迈一步，随即左腿蹬伸，右腿尽量上摆起跳，双臂同时上摆，落地后继续重复做 10~20 米。

注意事项：动作迅速，上摆起跳幅度要大。

训练目的：培养跳高运动员起跳瞬间在掌握送髋意识的基础上结合快速摆腿。

（3）两步垫步起跳

练习方法：正向站于训练器前方，绳索挂在身体后腰正中位置；向前迅速垫两步做跳高的起跳动作，重复做 10~20 米。

注意事项：垫步后结合起跳动作时要迅速。

训练目的：培养跳高运动员助跑结合起跳时的爆发力。

（4）三步起跳

练习方法：正向站于训练器前方，绳索挂在身体后腰正中位置；向前迅速跑几步做跳高的起跳动作，起跳前三步要有节奏，重复做 10~20 米。

注意事项：动作迅速，上摆起跳幅度大。

训练目的：培养跳高运动员在快速助跑的基础上起跳的能力。

（5）结合弹力带的上步起跳动作

练习方法：正向站于训练器前方，绳索挂在身体后腰正中位置；弹力带一头固定在训练器上，另一头固定在运动员起跳腿的膝关节处，沿训练器约 45°的方向迅速跑动几步做跳高的起跳动作，做完一次，回到原位，收绳索接着做下一次，循环做 5~10 次。

注意事项：做起跳时应保证绳索与弹力带呈紧绷状态，动作不能变形。

训练目的：提高运动员在跳高起跳瞬间的摆腿能力。

2. 跳远

结合弹力带的上步起跳动作

练习方法：正向站于训练器前方，绳索挂在身体后腰正中位置；弹力带一头固定在训练器上，另一头固定在运动员起跳腿的膝关节处，向正前方迅速跑动几步做跳远的起跳动作，做完一次，回到原位，收绳索接着做下一次，循环做5~10次。

注意事项：做起跳时应保证绳索与弹力带呈紧绷状态，动作不能变形。

训练目的：提高运动员在跳远起跳瞬间的摆腿能力。

3. 铅球

（1）后滑步

练习方法：背向站于训练器前方，绳索挂在身体后腰正中位置；身体成背向滑步投铅球的预备姿势，徒手做推铅球背向滑步技术的模仿练习，重复做10~20米。

注意事项：上体不要抬起，滑步动作连贯，控制好身体，保持稳定。

训练目的：训练铅球运动员滑步时的爆发力。

（2）后滑步转髋

练习方法：背向站于训练器前方，绳索挂在身体后腰正中位置；身体成背向滑步投铅球的预备姿势，徒手做推铅球背向滑步并转髋技术的模仿练习，重复做10~20米。

注意事项：动作完成后稍停顿1秒再做下一遍，注意控制上体不要过早抬起。

训练目的：训练铅球运动员在后滑步的基础上提高转髋的力量。

（3）结合弹力带的后滑步转髋动作

练习方法：背向站于训练器前方，绳索挂在身体后腰正中位置；弹力带一头固定在训练器上，另一头握在运动员的右手中，身体成背向滑步投铅球的预备姿势，徒手做推铅球背向滑步并转髋技术的模仿练习，做完一次，回到原位，收绳索接着做下一次，循环做5~10次。

注意事项：动作完成后稍停顿1秒再做下一遍，注意控制上体不要过早抬起，做动作时应保证绳索与弹力带呈紧绷状态。

训练目的：提高铅球运动员出手前转体的速度及力量。

4. 标枪

（1）持枪侧向走

练习方法：侧向站于训练器前方，绳索挂在身体侧腰正中位置；持标枪做标枪助跑步的走步动作模仿练习，做10~20米。

注意事项：标枪要拿稳，身体重心起伏越小越好。

训练目的：培养标枪运动员交叉步技术的下肢稳定性。

（2）持枪侧向跑

练习方法：侧向站于训练器前方，绳索挂在身体后腰正中位置；持标枪做标枪助跑步的模仿练习，做10~20米。

注意事项：标枪要拿稳，速度逐渐加快。

训练目的：培养标枪运动员跑步式投掷步的速度。

（3）持枪快速上步

练习方法：侧向站于训练器前方，绳索挂在身体后腰正中位置；持标枪做标枪出手前最后一步的上步练习，重复做10~20米。

注意事项：动作迅速，急停稳且有力。

训练目的：培养标枪运动员助跑结合掷枪的快速衔接能力。

（4）结合弹力带的标枪专项练习

练习方法：侧向站于训练器前方，绳索挂在身体后腰正中位置；弹力带一头固定在训练器上，另一头握在运动员的右手中，身体成投标枪的预备姿势，上两步做投标枪技术的练习，做完一次，回到原位，收绳索接着做下一次，循环做5~10次。

注意事项：身体充分展开，做动作时应保证绳索与弹力带呈紧绷状态。

训练目的：培养标枪运动员掷枪的最后用力能力。

5. 铁饼

结合弹力带的铁饼专项练习

练习方法：侧向站于训练器前方，绳索挂在身体后腰正中位置；弹力带一头固定在训练器上，另一头握在运动员的右手上，身体成原地投掷铁饼的预备姿势，做原地投掷铁饼技术的模仿练习，做完一次，回到原位，收绳索接着做下一次，循环做5~10次。

注意事项：身体充分展开，做动作时应保证绳索与弹力带呈紧绷状态。

训练目的：提高铁饼运动员的掷饼出手速度。

第二节 垫上动作训练

一、垫上动作训练概述

（一）垫上功能性组合训练的理论基础

1. 垫上功能性组合训练的生理学基础分析

垫上功能性组合训练其实就是神经对肌肉的控制过程的运动，在进行垫上训练的时候，要求训练者不断地变化身体的姿势，最终达到一个稳定平衡的状态。在运动过程中，由于姿势不断变化，人体受到的外力和本身的影响重心是不断变化着的，整个运动是依靠肌肉的收缩和伸张产生的内力来控制动作的运行轨迹，不断地寻找身体的平衡点。这些也都靠神经的支配工作，由于人体可以看作一个相互联系、相互作用的链条，要通过神经的支配保持身体的稳定和肌肉的收缩及关节的活动，可以说身体的运动是靠神经系统进行控制的。

在肌肉、肌腱及关节内的感受器被称为本体感受器，其功能是当身体的空间运动和位置发生变化会直接向中枢区发送信号，中枢神经根据变动调控人体的肌肉来维持人体的稳定性。前庭的器官十分重要，它可以感受到自身的运动状态及头部在空间的位置变化，大脑得到信息后进行身体调整平衡和稳定身体。在进行垫上功能性组合训练时，人体要依靠骨骼上的肌肉来维持机体的平衡，神经系统将肌肉和骨骼等各个部分组成一个信息共享的系统，经过各个部分的密切配合完成各种动作，并且也依靠各个部分的信息共享预防运动损伤的发生。

2. 垫上功能性组合训练的解剖学基础分析

垫上功能性组合训练的运动原理为：大肌群最先开始发力，连带小肌群也开始参与，小肌肉群能够得到深层的刺激，可以看出肌肉是重要的运动因素，垫上运动要有足够的肌肉参与才能完成。从解剖学分析，人体包括3个相互垂直的基本面和3个基本轴，在运动的时候所有的面和轴都要参与，因此也可以说这项运动是身体基本面和基本轴的运动。人体的主要关节活动是运动的基础，骨骼系统是身体的基础结构，利用杠杆结构的活动原理为人体的行动和支撑作出保障。肌肉附着在骨骼系统上可以保护骨骼的活动不受损伤，更重要的是稳定关节、保持姿势及为身体的活动提供源源不断的能量，这也是垫上功能性组合训练的基础。

3. 垫上功能性组合训练的生物力学基础分析

肌肉是人体运动的基础，核心柱的稳定力量也是运动不可缺少的因素，它能影响人体的一切活动，无论是简单的日常生活的活动，还是专业性较高、运动量较大的竞技类运动，都离不开肌肉和核心柱。核心柱存在的意义在于协调肌肉的收缩和起动、保持人体的中心稳定和平衡等，在功能性训练中是不可忽视的部分，并且是需要重点关注的部分，因为这关系到人体的支柱支撑的稳定和平衡性。我们可以将人体看成是一个由各种链条环节组成的运动链体，当一个力作用在这个运动链上，就会对整体的运动链运行造成联动影响，在这运动链的核心区域就是中心的枢纽环节，可以起到传递力量的作用，因此要重视核心柱的稳定性和平衡性，加强垫上功能性组合训练就可以对该区域产生积极的影响。

4. 垫上技术动作形成过程

多个单个动作可以组合成完整的一套技术动作，动作技能具有迁移性的特征，要组成整体的技术动作各个单个动作必然是有联系的，能够相互作用，在运动员经过成千上万次的重复训练后，运动过程中的相关神经突触反复应用，刺激阈值会不断地降低，熟练程度越来越高，甚至会让运动员形成肌肉记忆，在运动中动作模式越来越准确，从而不断提高运动技能，最终提高竞技能力。垫上功能性组合训练的动作多种多样，可以锻炼到各个部位的运动熟练程度，不断地进行训练就会形成动作模式的自动化。

（二）垫上功能性组合训练的功能与作用

1. 防止运动损伤，锻炼运动机能，增强青少年的体质

随着社会生活方式的变化，人类的身体也出现了各种各样的问题，很多人的生活习惯和生活方式是不利于人体的健康发展的，社会经济压力加大，学生的学习任务繁重、长期趴在书桌上学习、办公室工作人员也长时间坐在电脑前工作、汽车的驾驶及现代生活离不开的手机等都会导致身体出现不同问题，最常见的是长期低头刷手机会导致肩部僵硬、形成圆肩驼背，另外各种不良的生活工作习惯会导致脊柱弯曲、核心部位肌肉松弛、腰伤膝伤等问题凸显，使得核心肌肉发展失衡，最终出现各种代偿性的损伤。垫上功能性组合训练对于这些身体的损伤有很好的调节作用，由于这项运动多以核心部位的锻炼为主，可以缓解过度紧张的肌肉，调节身体放松，减少各种损伤的发生，消除疲劳，最终也可以缓解各种身体疼痛，让人体回到正常的发展状态。在青少年阶段很容易就养成各种不良的生活习惯，进行垫上功能性组合训练可以很好地消除这些发育隐患，促使青少年健康发展。

2. 发展运动员的各项身体素质，提高核心柱的稳定性

运动员希望自己在体育锻炼或者比赛中拥有好的运动状态是很自然的事，因为良好的运动状态才能产生更好的训练效果。要想拥有良好的运动状态就需要对身体进行有效的素质训练，其中，身体素质训练包括一般素质训练和专项素质训练，两者缺一不可。垫上功能性组合训练既具备一般素质训练也具备专项素质训练，在运动中可以随时变换，非常适合运动员使用。在运动过程中，平衡性和稳定性至关重要，良好的平衡性和稳定性可以帮助提高运动员协调能力，充分发挥自己的运动水平；如果核心柱不稳定，就会产生身体能量流失需要代偿的后果，垫上功能性组合训练可以帮助身体维持稳定性，锻炼了身体的各项素质，特别是对核心柱的稳定性训练具有重要作用。

3. 肌肉再生与运动康复

垫上功能性组合训练可以作为正式运动前的准备运动，这项训练可以促使肌肉再生，刺激肌肉的活性。运动中的牵拉练习是一项提前的准备工作，为接下来的运动作好铺垫，避免身体在运动中受伤。运动员的损伤多种多样，轻微的疼痛损伤可能通过适当的休养逐渐康复，但是很多稍微严重点的损伤不能单纯依靠自然康复，当然对于损伤来说充分的休息是前提，但是还需要加上后期的康复训练，适当进行功能性训练可以促进伤病的康复，使得运动能力得到再生，避免二次损伤或者病痛的加深，而这些都是垫上功能性组合训练可以做到的，利用这项运动可以使身体的各个器官恢复良好的功能，最终可以让人体恢复正常的运动能力，尽快重新参与到运动训练中。

4. 与其他训练手段相结合，提高训练效果与兴趣

如果长时间地重复一个动作的训练会让运动员产生枯燥的感觉，慢慢地产生厌倦的心理，引起神经疲劳，垫上功能性组合训练动作样式比较多，并且能够和其他各种运动器材相结合，满足运动员的各种训练需求。组合型的训练整体来说带有趣味性，不会让人产生疲劳枯燥的感觉，更能达到训练的效果。垫上功能性组合训练可以和哑铃、弹力带、瑞士球等多种运动器材结合训练，增加训练的实效性。

二、垫上功能性组合训练的实践训练

（一）运动前的热身

1. 跪立颈部前屈

动作方法：跪立于垫子上，双腿并拢，上体直立，目视前方，左手自然置于体侧，右手放于头上，慢慢地将头压向胸部，直至后颈有拉伸感，保持15~20秒，换另一侧练习，重复练习3~5组。

练习肌肉：夹肌、斜方肌。

注意事项：避免将头压得太低。

2. 跪立颈部拉伸

动作方法：跪立于垫子上，双腿并拢，上体直立，目视前方，左手自然置于体侧，右手抓握左耳，拉动颈部向右，保持15~20秒，换另一侧练习，重复练习3~5组。

练习肌肉：斜方肌、肩甲提肌、夹肌。

注意事项：上体保持直立，不要耸肩，下颚微收。

3. 跪立肩部拉伸

动作方法：跪立于垫子上，双腿并拢，上体直立，目视前方，右手臂横过胸前，并与地面保持平行，用左手臂把右手肘往左侧的肩膀拉近，保持5~10秒，换另一侧练习，重复练习3~5组。

练习肌肉：斜方肌、菱形肌、背阔肌、后三角肌。

注意事项：手臂不要弯曲，与地面保持平行。

4. 跪立上臂拉伸

动作方法：跪立于垫子上，上体保持直立，双腿打开与髋同宽，双手置于背后十指交握，下颚微收，目视前方，肩胛骨用力向内收，手臂向后向上抬高，保持20~30秒，重复练习3~5组。

练习肌肉：前三角肌、肱三头肌、肱肌。

注意事项：手臂往上抬时，身体不要过分地前倾，注意不要塌腰，收紧腹部。

5. 侧腰的伸展

动作方法：跪立在垫子上，上体保持直立，双腿打开与肩同宽，双手臂高举过头顶，十指交握翻转掌根向上，目视前方，将髋部向左侧推送，上半身向身体的右侧倾斜，感受侧腰的拉伸与延展，保持20~30秒，换另一侧练习，重复练习3~5组。

练习肌肉：腹外斜肌、腹内斜肌、胸大肌、胸小肌、竖脊肌。

注意事项：保持身体直立，髋部摆正，手臂向斜上方拉伸，手臂内侧需触碰双耳。

6. 膝肘支撑后坐颤动

动作方法：跪立于垫子上，双腿尽量打开膝关节触垫，臀部尽量靠近脚后跟，目视前方，两肘支撑尽量前伸，用腰部的力量前后颤动，保持 20~30 秒，身体前伸手支撑撑起，颈部平直，保持 15 秒，重复练习 3~5 组。

练习肌肉：竖脊肌、臀中肌。

注意事项：手支撑时，腰部尽量放松。

7. 单膝跪撑手握脚背牵伸

动作方法：左膝跪于垫子上，右腿成弓步，上体直立，右手扶膝，目视前方，左手握住左脚背，将脚尖朝臀部方向拉伸，直至大腿前肌群有拉伸感为止，保持 15~20 秒，换另一侧练习，重复练习 3 组。

练习肌肉：股直肌、股外侧肌、股内侧肌、长收肌、髂腰肌。

注意事项：保持身体正直。

8. 直臂俯卧三点支撑

动作方法：俯卧于垫上，双手与左脚尖触地，身体与地面保持平行，双手分开与肩同宽，左脚置于右腿膝处，支撑后踩，拉伸小腿后群肌肉，保持 15~20 秒，换另一侧练习，重复练习 3 组。

练习肌肉：比目鱼肌、腓骨肌、腓肠肌、胫骨前肌、股直肌、股外侧肌。

注意事项：膝盖和脊柱不要弯曲。

（二）垫上功能性组合训练正式动作

1. 核心力量训练

（1）仰卧起坐

动作方法：仰卧于垫上，两腿屈膝，双手十字交叉放于头后，做仰卧起坐，慢慢恢复至原始位置，每组 15~20 个，重复练习 3~5 组。

练习肌肉：腹直肌、腹内斜肌、外斜肌、腹横肌。

注意事项：双腿并拢。

（2）直臂直腿仰卧起坐

动作方法：仰卧于垫上，两腿直腿并拢，脚尖朝上，双臂向头上伸直，双腿保持不动，抬起双臂和上体，弯曲身体，直至两手碰到双脚，慢慢恢复至原始位置，每组 15~20 个，重复练习 3~5 组。

练习肌肉：腹直肌、腹内斜肌、外斜肌、腹横肌、腰方肌、阔筋膜张肌、臀大肌、臀中肌、臀小肌、股直肌。

注意事项：双腿并拢，上体尽量保持正直。

（3）仰卧交叉腿起坐

动作方法：仰卧于垫上，两腿屈膝抬起，小腿与地面平行，双手放于脑后，上体抬起，使右肘碰触左膝盖，右腿伸直，缓慢恢复到原位，换另一侧练习，重复练习 3~5 组。

练习肌肉：腹直肌、腹内斜肌、外斜肌、腹横肌、股直肌、股内侧肌、缝匠肌、阔筋膜张肌。

注意事项：脖颈伸直，臀部保持稳定。

（4）仰卧屈膝抬手起

动作方法：仰卧于垫上，两腿略离开垫子，头、颈、肩离地，两手臂与地面平行，屈膝。双腿向上抬起，上体抬起两臂前伸，指向脚踝方向，保持 10~15 秒，腿部伸直，上体下躺，慢慢恢复到原始位置，重复练习 3~5 组。

练习肌肉：腹直肌、腹内斜肌、外斜肌、腹横肌、阔筋膜张肌、股直肌、股内侧肌、梨状肌、髂肌。

注意事项：臀部保持稳定。

（5）"V"型仰卧起坐

动作方法：仰卧于垫上，两腿抬起与地面夹角约 45°，双臂向头上伸直，做仰卧起坐，手伸向脚的方向，并尽量接近脚后，慢慢恢复到原始位置，重复练习 3~5 组。

练习肌肉：腹直肌、阔筋膜张肌、股直肌、股内侧肌、股外侧肌。

注意事项：颈部伸直放松，保持身体稳定。

（6）侧卧两头起

动作方法：右侧卧于垫上，右手放于脑后，左手放在大腿上侧，收紧腹部，双脚抬起离地，抬起头部，肩部和脚同时向上靠近后，恢复到原始位置，重复练习 3~5 组。

练习肌肉：腹直肌、腹横肌、外斜肌、腹内斜肌。

注意事项：抬腿的同时腹部收紧。

（7）坐撑旋转腿

动作方法：坐立于垫子上，两手体后支撑身体，指尖朝前，双腿并拢抬起约

45°，双腿向身体右侧旋转画圈，保持15~20秒，恢复到原始位置，换另一方向练习，重复练习3~5组。

练习肌肉：阔筋膜张肌、股直肌、股外侧肌、臀大肌、臀中肌、缝匠肌、股内侧肌、长收肌。

注意事项：移动过程中两腿伸直。

2. 核心稳定性训练

（1）仰卧交叉抬腿

动作方法：仰卧于垫上，双腿屈膝，脚心朝下，双手放于髋骨处，收腹，向上抬臀，右腿抬起直至膝盖到达最高点，保持10~15秒，缓慢恢复到原位，换另一侧练习，重复练习3~5组。

练习肌肉：腹直肌、股直肌、阔筋膜张肌、臀大肌、腹横肌、腹内斜肌。

注意事项：动作时收腹，臀部保持不动。

（2）曲臂俯卧三点支撑

动作方法：俯卧于垫上，两手曲臂撑地，两脚尖撑地，背与两腿保持伸直在同一平面，右腿慢慢抬起，保持10~15秒，缓慢恢复到原位，换另一侧练习，重复练习3~5组。

练习肌肉：胸大肌、腹直肌、背阔肌、股直肌、股外侧肌、阔筋膜张肌、胫骨前肌、腓骨肌。

（3）跪式直背支撑

动作方法：跪立于垫上，背部伸直，两膝分开与肩同宽，两臂紧贴于身体两侧，身体后仰，直至无法后仰，保持5~10秒，缓慢恢复到原位，重复练习3~5组。

练习肌肉：腹直肌、股直肌、大收肌、股中间肌、股内侧肌、阔筋膜张肌、臀大肌。

注意事项：动作过程中，收紧臀部，身体保持伸直。

（4）俯卧直臂抬腿支撑

动作方法：俯卧于垫上，双手双脚支撑，慢慢地抬起相反的手臂和大腿，身体平稳不动，保持15~20秒，缓慢恢复到原位，换另一侧练习，重复练习3~5组。

练习肌肉：臀大肌、股二头肌、臀中肌、三角肌、大收肌、腹直肌。

注意事项：动作缓慢平稳。

（5）侧卧单手支撑摆腿

动作方法：左侧卧于垫上，用左手掌撑住上体，右臂放于右腿上，左脚外侧触地作为支撑，用髋关节的力量使脚跟、臀部、头部形成一条直线，将右侧腿前摆约60°，保持5~10秒，缓慢恢复到摆前位置后恢复至原位，换另一侧练习，重复练习3~5组。

练习肌肉：腹直肌、腹内斜肌、外斜肌、大收肌、臀大肌、股直肌、胸大肌、三角肌、肱二头肌、肱三头肌。

（6）仰卧抱膝举腿

动作方法：仰卧于垫上，两臂自然放置于身体两侧，两腿屈膝抬起，使小腿水平，大腿与髋约90°，两腿伸直，右腿向下，左腿向上，同时双手握住左腿小腿，保持伸直状态5~15秒，缓慢恢复到原位，换另一侧练习，重复练习3~5组。

练习肌肉：股二头肌、股直肌、阔筋膜张肌、腹直肌、外斜肌、三角肌。

注意事项：双腿尽可能伸直。

（7）俯卧游泳

动作方法：俯卧于垫上，双腿分开与肩同宽，手臂前伸紧贴耳际，同时抬起左臂和右腿做打水动作，保持15~20秒，缓慢恢复到原位，重复练习3~5组。

练习肌肉：臀大肌、股二头肌、竖脊肌、腰方肌、菱形肌、背阔肌。

注意事项：动作过程中上体尽可能地抬起。

（8）侧卧举腿

动作方法：左侧卧于垫子上，左膝弯曲，右腿伸直，放在左腿上，左臂弯曲支撑上体，右手放在腰际，用肘关节和膝关节的力量使髋和肩、头形成一条直线，抬起右腿做向上举腿动作，保持15~20秒，缓慢恢复到原位，换另一侧练习，重复练习3~5组。

练习肌肉：腹直肌、腹内斜肌、外斜肌、髂腰肌、长收肌、臀大肌、臀中肌、股直肌、腰方肌。

（9）侧卧撑接屈腿外展

动作方法：左侧卧于垫上，用左屈肘支撑身体，右手叉腰，两腿伸直，右腿放于左腿上，慢慢向上顶起髋，成肘脚支撑，向前屈膝呈外展动作，保持15~20秒，缓慢恢复到原位，换另一侧练习，重复练习3~5组。

练习肌肉：腹直肌、腹内斜肌、外斜肌、大收肌、臀大肌、股直肌、胸大肌、三角肌、肱二头肌、肱三头肌、股内侧肌、髂腰肌、股中间肌。

注意事项：上体保持正直，保持稳定。

（10）俯卧对侧两点对接

动作方法：俯卧于垫上，双手双脚支撑，慢慢地抬起相反的手臂和大腿，使肘和膝对接，身体平稳不动保持15~20秒，缓慢恢复到原位，换另一侧练习，重复练习 3~5 组。

练习肌肉：三角肌、腹内斜肌、内收大肌、腹直肌、臀大肌、股直肌、股二头肌、阔筋膜张肌。

注意事项：躯干伸直，髋轴平行，保持稳定。

（11）俯卧同侧两点对接

动作方法：俯卧于垫上，双手双脚支撑，慢慢地抬起同侧的手臂和大腿，使肘和膝对接，身体平稳不动保持 15~20 秒，缓慢放下，换另一侧练习，重复练习 3~5 组。

练习肌肉：三角肌、腹内斜肌、内收大肌、腹直肌、臀大肌、股直肌、股二头肌、阔筋膜张肌。

注意事项：躯干伸直，髋轴平行，保持稳定。

（12）弓步支撑

动作方法：站立于垫上，右脚向前迈出，蹲下，两手放置于右脚两侧，左腿向后移动，保持两腿与臀部在一条直线上，保持 15~20 秒，换另一侧练习，重复练习 3~5 组。

练习肌肉：股直肌、髂腰肌、胫骨后肌、腓肠肌、大收肌、长收肌、股二头肌。

注意事项：避免后腿膝盖触地。

3. 灵活类训练

（1）倒骑脚踏车

动作方法：仰卧于垫上，双腿慢慢上举，躯干抬离垫子，肘支撑，手掌支撑住臀部，使双腿伸直，双腿轮换做脚踏车状，持续 15~20 秒，缓慢恢复至原始位置，换逆向做脚踏车状，重复练习 3~5 组。

练习肌肉：股二头肌、股直肌、腹直肌、腹横肌、背阔肌、斜方肌。

注意事项：腰腹用力，保持稳定。

（2）背桥举腿下摆

动作方法：仰卧于垫上，两腿屈膝，与肩同宽，抬高臀部，肘支撑，手掌支撑住臀部，右腿向上伸直，缓慢下降至膝盖高度位置，保持 15~20 秒，换另一侧练习，重复练习 3~5 组。

练习肌肉：臀大肌、臀中肌、腰方肌、阔筋膜张肌、腹直肌、腹横肌、股二头肌。

注意事项：颈部放松，保持肩、髋、膝在同一直线上。

（3）侧卧前后踢腿

动作方法：侧卧于垫上，右肘与左手触垫支撑，两腿伸直，顶髋使肩、髋、踝在一条直线上。右腿抬起与臀同高，脚尖朝前，伸腿向前踢腿至最大幅度后向后伸展，持续 15~20 秒，换另一侧练习，重复练习 3~5 组。

练习肌肉：臀大肌、臀中肌、臀小肌、股直肌、股二头肌、股内侧肌、腹横肌、腹内斜肌。

注意事项：腿伸直，身体保持稳定。

（4）侧卧腿转圈

动作方法：侧卧于垫上，右臂触垫支撑头部，左手放于体前支撑，两腿伸直，顶髋使肩、髋、踝在一条直线上。右腿抬起与臀同高，脚尖朝前，以髋关节为轴画小圈，持续 15~20 秒，换另一侧练习，重复练习 3~5 组。

练习肌肉：髂腰肌、耻骨肌、缝匠肌、阔筋膜张肌、股直肌。

注意事项：两腿保持伸直。

（5）仰卧双腿圆锥摆

动作方法：仰卧于垫上，两腿向上伸直，两臂自然放于体侧，两腿做圆锥摆，持续 15~20 秒，换另一方向练习，重复练习 3~5 组。

练习肌肉：股直肌、髂腰肌、臀大肌、腹横肌、腹内斜肌、阔筋膜张肌、缝匠肌、髂肌。

注意事项：圆锥直径不宜过大，保持稳定。

（6）仰卧单腿伸直

动作方法：仰卧于垫上，两腿伸直，脚尖朝上，右腿向上伸直，双手握住右脚踝，并向上体方向拉伸，左腿保持伸直，可略离开垫子，保持 15~20 秒，换另一方向练习，重复练习 3~5 组。

练习肌肉：臀大肌、大腿后肌群、腰背肌。

注意事项：动作过程中，头背部及异侧腿始终紧贴于地。

（7）坐撑直臂扭转

动作方法：坐于垫子上，两腿伸直约 60°，上体直立，两臂侧平举，向右转体，左手向左脚外侧下压，右手臂向后伸展，保持 10~15 秒，换另一方向练习，重复练习 3~5 组。

练习肌肉：背阔肌、腹直肌、臀大肌、臀中肌、股二头肌、三角肌、大圆肌、阔筋膜张肌。

注意事项：臀部始终不离开垫子。

（8）两头交换上抬

动作方法：俯卧于垫上，两腿并拢，脚背朝下，脚尖朝后，两臂前举，掌心朝下，两腿尽量向上抬高，保持5~10秒，恢复至原始位置，两臂与胸部尽量抬起，掌心相对，保持5~10秒，恢复至原始位置，重复练习3~5组。

练习肌肉：斜方肌、背阔肌、三角肌、臀大肌、股二头肌、内收大肌、比目鱼肌、股外侧肌、腹直肌、腹横肌。

注意事项：两手臂高过头顶。

（9）侧扭支撑上举臂

动作方法：右臀坐于垫上，右手体侧撑地，膝盖向前，两腿微曲，左腿置于右腿上，左臂伸直放于左腿上，顶髋同时伸直左腿并左臂上举贴于耳际，保持5~10秒，恢复至原始位置，换另一侧练习，重复练习3~5组。

练习肌肉：腹直肌、腹横肌、腹内斜肌、背阔肌。

注意事项：手臂向上尽量延伸。

（10）俯卧直臂垫上跑蹬

动作方法：俯卧于垫上，两臂伸直与肩同宽，两手掌撑地，两脚前脚掌撑地，背部挺直，进行垫上跑蹬15~20秒，重复练习3~5组。

练习肌肉：臀大肌、臀中肌、阔筋膜张肌、股二头肌、股直肌、内收大肌、腓肠肌、腹直肌、腹外斜肌、腰方肌。

注意事项：跑蹬时，保持跑的动作正确。

4. 柔韧类训练

（1）单腿背部拉伸

动作方法：坐于垫子上，左腿向前伸直，左脚尖回勾，右腿屈膝回收，右脚抵住左大腿内侧，身体向前折叠，手臂抓住脚踝（或脚掌），身体尽量向下，坚持15~20秒，换另一侧练习，重复练习3~5组。

练习肌肉：股二头肌、内收长肌、内收大肌、股外侧肌、臀大肌、臀中肌、腓肠肌、比目鱼肌。

注意事项：膝盖伸直，脊柱尽量向前延伸。

（2）分腿拉伸

动作方法：坐于垫子上，双腿向两侧分开，到达极限位置，脚尖朝上，上体慢慢地向前向下，在极限位置上坚持15~20秒，恢复至原始位置，重复练习3~5组。

练习肌肉：股内侧肌、股二头肌、内收长肌、内收大肌、臀大肌、腰方肌、背阔肌。

注意事项：膝盖伸直，脚尖朝上。

（3）跪姿侧弯

动作方法：跪立于垫上，先将右腿向侧伸直，左手臂向上伸展，再将身体向右侧弯，坚持10~15秒，躯干立直，右腿回收，做反方向练习。

练习肌肉：股二头肌、三角肌、腹横肌、腹直肌、腹外斜肌、腹内斜肌、竖脊肌、背阔肌。

注意事项：躯干面向正前方，髋部向前保持端正。

（4）跪立背弓练习

动作方法：跪立于垫上，双膝并拢，双手放于臀部的上方，将髋部前推，上体慢慢地后弯，双手依次去抓握脚踝，坚持10~15秒，双手依次回收到髋部。

练习肌肉：阔筋膜张肌、三角肌、肱三头肌、髂腰肌、腰方肌、背阔肌、股直肌、股二头肌。

注意事项：髋部前推，大腿要与地面垂直。

（5）坐姿肩部拉伸

动作方法：坐于垫上，两腿伸直，脚尖朝上，手臂伸直放于体后最大限度，手指朝后，身体向后倾斜，保持15~20秒，重复练习3~5组。

练习肌肉：胸大肌、胸小肌、三角肌、肱二头肌、背阔肌。

注意事项：身体保持稳定。

（6）坐姿侧弯

动作方法：盘坐在垫子上，双手交叉放于脑后，脊背立直向上，用右手肘去触碰右膝，坚持10~15秒，慢慢立直躯干，做反方向练习。

练习肌肉：腹外斜肌、腹内斜肌、股外侧肌。

注意事项：躯干面向正前方，不可拱背塌腰。

（7）直臂侧弯拉伸

动作方法：坐于垫上，两腿分开，右腿伸直，左腿弯曲，脚背贴地，左手抓住右脚，手臂伸直，上身伸直，右手臂用力拉伸侧腰韧带，保持20~25秒，换另一侧练习，重复练习3~5组。

练习肌肉：股二头肌、内收大肌、背阔肌、腰方肌、腹外斜肌。

注意事项：两腿尽量打开。

（8）俯卧后展腿

动作方法：俯卧于垫上，两手侧平举，掌心朝下，两腿并拢脚背伸直，右腿抬起转向相反方向约90°，手臂位置保持不变，保持20~25秒，换另一侧练习，重复练习 3~5 组。

练习肌肉：腹直肌、腹横肌、腹外斜肌、腰方肌、背阔肌、阔筋膜张肌、股二头肌、股直肌、内收大肌、内收长肌。

注意事项：上体尽量贴地。

（9）俯卧手脚牵拉

动作方法：俯卧于垫上，左腿屈膝，右腿伸直，右手抓住左脚踝，左手向前伸展，右手拉伸左腿向上抬起，上体和下肢同时抬起，保持 10~15 秒，换另一侧练习，重复练习 3~5 组。

练习肌肉：臀大肌、臀中肌、臀小肌、股二头肌、内收大肌、内收长肌、大圆肌、肱三头肌、三角肌、腹直肌、腹横肌、腹外斜肌。

注意事项：保持身体平衡。

（10）俯卧单腿牵拉

动作方法：俯卧于垫上，两臂自然放于体侧，两腿伸直，左脚绷直抬起，左手抓住左脚踝，上体抬起用力与腿对抗，保持 10~15 秒，换另一侧练习，重复练习 3~5 组。

练习肌肉：腹直肌、腹横肌、腹外斜肌、股二头肌、股直肌、股外侧肌、阔筋膜张肌、肱三头肌、三角肌。

注意事项：未动作腿紧贴垫子。

（11）犁式背部拉伸

动作方法：仰卧于垫上，两腿抬起，两手撑腰，两脚头上触地，两臂放于垫上，保持 10~15 秒，重复练习 3~5 组。

练习肌肉：股二头肌、股直肌、腹直肌、腹横肌、腹外斜肌、腹内斜肌、三角肌。

注意事项：颈部保持不动。

（三）垫上与其他器械组合训练

1. 结合平衡垫

（1）平衡垫侧卧支撑

动作方法：侧卧于垫上，身体成一条直线，平衡垫置于髋下，头部与腿同时向上抬起，一手臂作为支撑，保持 5~10 秒，左右侧交替进行，重复练习 3~5 组。

练习肌肉：腹直肌、腹外斜肌、腹横肌、背阔肌、阔筋膜张肌、臀大肌、臀中肌、臀小肌。

注意事项：保持固定，身体、脚不要晃动。

（2）平衡垫侧支撑

动作方法：右腿跪于平衡垫上，右手臂撑地，左手放脑后，左腿侧平抬起，保持 5~10 秒，两侧交替进行，重复练习 3~5 组。

练习肌肉：股直肌、股二头肌、股外侧肌、内收大肌、臀大肌、臀中肌、臀小肌、腹直肌、背阔肌、腹横肌、腹外斜肌。

注意事项：腿部控制平衡，身体保持挺直。

（3）平衡垫单腿俯卧支撑

动作方法：身体俯卧在垫子上，右手和左腿屈膝支撑，左腿的膝盖放在平衡垫上，另一侧的左手和右腿抬起，身体和左臂、右腿形成一条直线，注意举起的左手呈握拳状态，大拇指向上。保持 15~20 秒；两侧交替进行，重复练习 3~5 组。

练习肌肉：臀大肌、股二头肌、臀中肌、三角肌、股直肌、内收大肌、阔筋膜张肌、腹直肌、腹横肌、腹内斜肌、内收长肌。

注意事项：腿部控制平衡，身体保持挺直。

（4）平衡垫仰卧支撑

动作方法：身体仰卧在垫子上，两只手臂放在身体的后侧作支撑，右腿呈屈膝的状态，将右脚跟放在平衡垫上，左腿自然放直，之后用臀部发力，将身体仰面支撑起来，双手和右脚支撑，身体和左腿形成直线，保持 15 秒，之后两侧交替重复 3~5 组运动。

练习肌肉：臀大肌、臀中肌、腰方肌、股二头肌、三角肌、肱二头肌等。

注意事项：腿部控制平衡，身体保持挺直。

（5）平衡垫仰卧屈膝直线撑

动作方法：身体仰卧躺在垫子上，双臂自然放在身体两侧，屈膝，将两只脚并起放在平衡垫上，进行挺髋动作，让身体和大腿形成直线。保持 15~20 秒，重复 3~5 组。

练习肌肉：臀大肌、臀中肌、腰方肌、阔筋膜张肌、腹直肌、腹横肌、股二头肌、缝匠肌、内收长肌。

注意事项：大腿后群肌肉紧张。

2. 结合瑞士球

（1）仰卧夹球腹部拉伸

动作方法：身体仰卧躺在垫子上，脸朝上，目视上方，两条手臂伸展平举，用腿将球夹起，进行左右摆动，躯干的下部分和髋关节左右转动到最大幅度后向另一侧转动。

练习肌肉：腹内斜肌、腹外斜肌。

注意事项：保持身体平衡，上体不离开垫子。

（2）仰卧直腿夹球起

动作方法：仰卧于垫上，两臂颈后交叉，两腿直腿夹球，腿部和腹部发力，夹球收腹至 90°，放下还原。

练习肌肉：臀大肌、臀中肌、臀小肌、腹直肌、髂腰肌。

注意事项：腿部肌肉紧张，腹部肌肉收紧，眼睛注视正上方。

（3）双肘球上斜支撑

动作方法：双膝跪在垫子上，身体向前倾用前臂撑在球上，手肘向前推球一直到身体能够伸展的最大程度，保持一段时间后再进行还原。

练习肌肉：肱三头肌、腹直肌、腰大肌。

注意事项：身体保持直线，背部收紧。

（4）俯卧撑球高抬腿

动作方法：两腿并拢，胸部贴于球上，双手撑于垫上，肘部紧贴于瑞士球保持稳定，双腿及腰部发力抬起双腿至伸展最大程度，保持、还原。

练习肌肉：臀大肌、髂腰肌、指伸肌、背阔肌、三角肌、肱二头肌。

注意事项：身体保持稳定，极限时有人保护，以免摔伤。

（5）俯卧撑异侧抬

动作方法：双手撑于垫上，双腿贴于球上，异侧腿和手臂抬起成一条直线，两腿交替进行。

练习肌肉：臀大肌、髂腰肌。

注意事项：身体保持稳定，背部肌肉紧张，保持固定，手和脚不要晃动。

第三节　弹力带动作训练

一、弹力带训练概述

（一）弹力带的发展和应用

弹性阻力训练最开始就是为了健身健美发明的，女士可以利用它塑身美体，男士可以用于力量训练,包括儿童的成长训练也可以做到。20世纪60年代,弹性阻力训练工具被应用到太空站上帮助宇航员进行力量和心肺的训练。在这个阶段,弹性阻力训练工具还被应用到人体的康复训练中,帮助康复治疗师进行病人的受伤肌肉的康复工作,器材应用的原材料多是手术管或者自行车内胎。在1978年,有专家设计开发了一种抗阻训练体系,即弹性渐进式抗阻训练T-Band体系。这个体系要用到不同规格的弹力带,种类较多,所以就用颜色进行区分,有黄色、红色、绿色等6种颜色,分别代表不同的伸长率和弹性系数,极大地满足了训练者的个体需求,人们可以根据自己的身体素质和需求选择适合的弹力带进行练习。弹力带还有轻便、易于携带等优点,广泛受到健身爱好者的喜爱。

在我国,早期人们会利用废弃汽车、自行车内胎等进行一些简单的拉伸练习,之后逐步发展成专业的弹力带训练。随着科技的进步和对健身问题的研究,弹力带的知识越来越普及,受到国内健身达人的喜爱,很多的生产厂家也会生产具有量化磅数的弹力带。弹力带的力量曲线和人体的关节运动力量曲线十分相似,同时弹力带抗阻运动需要多关节的参与,是一种机械性的运动,摒弃了其他运动只能进行单关节面的运动的缺陷,在跑、跳、投方面都有很好的表现,同时也可以提高机体功能性。在青少年阶段十分适合采用弹力带的训练进行健身锻炼,这是因为青少年身体正在发育,大负重练习并不适合,身体也无法承载很强的训练负荷,弹力带的训练是正好的选择,既能够进行运动负荷的适当加强,又能避免运动损伤的发生。

康复训练中需要注意的问题比较多,比如负荷的大小、肌肉的收缩形式、关节轴的运动方式等都要引起注意。弹力带的负荷模式有一定优势,因为这项工具是可以控制的,同时也可以采用渐进的方式来进行训练,同时在训练过程中肌肉是按照向心和离心的交替收缩形式进行,采用的也是多关节和单关节可选的方式,同时这项运动也能给肌肉适当的刺激。弹力带在运动康复训练中的应用也在不断发展进步,从最开始的注重治疗到现在的注重预防。

(二)弹力带的主要特点和功能

1. 弹力带的物理特性

弹性阻力训练在阻力训练中比较特殊,与其他阻力训练最大的不同是它的阻力是随着弹性体长度的变化而变化。在物理上对弹力带的阻力进行计算说明,力和长度的关系可以由胡克定律表示:$F=K \times S$(F代表阻力,S代表弹性体的改变长度,K为弹性系数)。弹性体在最大的延长状态下仍然会保留弹性,张力是线性的，这样我们就可以根据共识和特性预见弹性体拉伸后有多少力。

使用弹力带进行抗阻训练，要多注意力的大小。弹力带可以采用不同的材质，这就会产生不同的力，同时弹力带和弹力管提供的力大小也不相同，但是无论弹力带或者弹力管的外形怎样变化，是带状的还是管状的，物理特性是永远不会变的。弹性阻力工具的阻力大小还要看材料，厚的材料比薄的材料的阻力更大。用拉力百分比衡量弹力带阻力大小，比如弹力带从30厘米拉长到60厘米（这里假设拉伸力是100%）施加的外力，和60厘米拉长到120厘米所需要的外力是一样的，公式如下所示。

拉力百分比 = {（终长 − 始长）/ 始长} × 100%

弹力带阻力预估大小可以用弹力带的长度变化为依据，运动员可以根据自己的身体情况和需要选择最适合的长度，适合的弹力带拉力曲线基本是线性的，斜率的变化受到弹力带硬度和直径的变化产生变化。弹力带不同颜色规格之间的弹性力量会有 20%~30% 的差距。

2. 方便简易性

弹力带抗阻训练十分简单易上手，只需要一根弹力带或者弹力管就可以开始训练了。这一根小小的弹力带虽然简单，但是可以锻炼到身体所有的肌肉群，性价比很高。比如一般要进行专业力量训练会选择杠铃器械，但是安装杠铃需要时间，杠铃又要占用很大的空间，价钱上也很昂贵，这个时候就可以选择弹力带来代替杠铃，价格低廉，轻便易于携带，不仅能在高水平的运动场开展，而且能在运动训练的条件简陋的基层地区和学校进行。弹力带也十分适合作为赛前热身的辅助练习。

3. 运动轨迹不固定性

运动一般会涉及多个关节轴和运动面，是一种综合性的反映。举一个摔跤运动的例子，双方进行摔跤对抗，攻击者出手去拉另一方，对手经过从无意识到有意识的反抗过程，在反抗的过程中用的力也越来越大，这里使用的力是不规则的力，运行轨迹也不会是直线形的，类似的体育项目特点还有很多，所以就要求运动员在平时的训练中加强多种平面和多种阻力的变化训练，加强动作的连贯性。与传统的运动器材相比，弹力带不会受到重力的限制，阻力训练的来源是弹力带本身而不是地球引力，在转动上十分自由，并且可以锻炼到身体的大部分肌肉，姿势的变化也多种多样。基础训练和专项训练的结合可以很好地在弹力带训练上实现，训练效果更加容易迁移，提高了本身的功能性。

4. 安全有效性

传统的负重训练比如利用杠铃训练，这是一种能够锻炼到全身的综合性训练，训练主要在垂直面进行，能够锻炼人体的最大力量，整体的训练需要很多肌群的配合，强度很大，在肌肉的薄弱处容易产生疲劳感，如果在身体疲劳的情况下继续锻炼就很容易造成身体损伤。弹力带在进行训练的时候参与的肌群是交替进行的，所以比较容易积累疲劳感，锻炼后的肌肉群可以快速恢复，降低身体损伤的概率。在传统的杠铃负重蹲起练习中，双腿同时发力进行蹲起的动作，这就会让大腿的肌肉群都要参与到运动中，重复的练习和过长的时间很快就会让双腿产生疲劳的感觉，并且这种疲劳的感觉要伴随人体较长时间，影响后面的锻炼，同时ATP/CP再合成的时间会延长。但是，使用弹力带就不会出现这种问题，因为弹力带采用的是交替双腿的方式，腿部的肌肉群在交替期间可以做到轮替休息，不会像杠铃负重蹲起一样，双腿都负荷严重，弹力带的交替负重减少了疲劳的感觉，同时在神经上也不会产生疲劳，最终的训练效果比杠铃负重蹲起还要好。另外，负重蹲起要参与的重要部位是脊柱，脊柱是由椎间盘相连的椎骨连接组成的，椎间盘由有弹性的外部环形纤维环及内部的髓核组成，承压力较好，可以减小运动带来的震荡。运动员做杠铃负重蹲起的时候一定会使得脊柱的压力加大，造成椎间盘的损伤，长此以往会使脊柱的弹性和抗压能力逐渐下降。弹力带训练就可以避免这些问题，因为弹力带在四肢、躯干的很多部位都可以进行训练，对各个关节进行适当的分配练习，减少损伤的出现，也能使各个部位合理训练，脊柱损伤自然也就不容易造成。

（三）弹力带的使用原则及注意事项

弹力带训练的基础条件是运动员要有一定的力量基础，初学者适合选择较轻负荷规格的弹力带，在训练的时候要做好控制，适应好离心的工作状态，尽量不要让弹力带在没有负荷的情况下就回到原始状态。弹力带抗阻训练中姿势的保持是要注意的地方，锻炼时姿势要标准，要锻炼好核心力量、耐力与平衡力，一组动作做下来，不同的姿势产生不同的效果。需要注意的是，在进行弹力带牵拉的动作时要确保和肌肉的纤维受力运动的方向保持平行，所有的运动永远是质量比数量重要，弹力带训练也是一样的，一定要保证姿势的规范和标准，哪怕减少重复的次数也没关系。弹力带也要保证和专项高度的结合，确保训练的方法和专项运动时用力结构和发力模式是匹配的。当然，运动锻炼要时刻保持适量的原则，长时间重复一种动作会对参与的肌肉群造成劳损，影响肌肉的发展。同时，一定要注意训练的规范性，减少关节和肌肉的疼痛和损伤。

使用弹力带进行训练时应注意的事项如下。

（1）首先在使用弹力带之前要检查好弹力带是否有质量问题，尤其是固定处，不能出现裂口。

（2）锻炼时确保弹力带系着的物体是稳固的。

（3）初学者在刚开始练习时要将速度保持在慢速的水平，做好弹力带的控制，尽量避免使弹力带突然回弹等。

（4）要确保在使用弹力带时周边环境的安全，要小心尖利物品划伤弹力带。

（5）弹力带在进行使用的时候固定点不要朝向脸，保护好面部的脆弱部位，尤其是眼睛。

（6）弹力带使用时拉力不宜过大，尤其是不能超出拉力承受范围，一般拉伸后的弹力带长度在自然状态长度的3倍以内。

（7）弹力带材质要求避光，不能放在太阳底下直射。

二、弹力带的实践训练

（一）运动前的热身

1. 双膝跪姿牵拉

牵拉方法：双膝跪地，身体前趴，双臂向前伸出，重心放在臀部；臀部后坐直至双脚脚后跟上，上体向前斜下方下压保持至感觉肌肉拉开为止。

注意事项：身体下压到最大程度后保持静止，不要上下振动。

2. 髋部下压牵拉

牵拉方法：身体俯卧于训练垫上，双臂伸直支撑身体上起，髋部缓慢向斜下方下压保持至感觉肌肉拉开即可。

注意事项：身体下压到最大程度后保持静止，身体不要前倾。

3. 腿部后群牵拉

牵拉方法：双腿前后支撑于训练垫上，双臂支撑，上体缓慢下压直至最大限度，保持10~15秒。双腿前后交替进行。

注意事项：后方大小腿呈90°，前方腿脚后跟支撑。

4. 腿部侧群牵拉

牵拉方法：双腿左右支撑于训练垫上，身体前趴，双臂前伸，臀部向后下压直至最大限度，保持10~15秒，双腿左右交替进行。

注意事项：重心放在臀部下压，牵拉腿的脚后跟不要随牵拉而翻转。

5. 腿部前群牵拉

牵拉方法：双腿前后支撑于训练垫上，身体保持正直，双手扶后方脚脚面向上缓慢抬起至最大限度，保持10~15秒，双腿前后交替进行。

注意事项：前方大小腿保持90°，牵拉时身体保持平衡，避免左右晃动。

6. 跟腱牵拉

牵拉方法：双手与单腿支撑，身体缓慢向后下方牵拉，共做10~15次，双腿交替进行。

注意事项：支撑腿脚尖支撑，可根据自己的情况来调整上体与腿的夹角，从而加大或减小难度。

（二）弹力带训练正式动作

1. 上肢素质训练

在实际的日常生活中，人们并不会只在一个平面上进行前后左右的肢体活动，人们的活动是多面的。传统的运动器械有固定在一个平面的缺点，并且大多数只能针对一个关节或者一处肌肉进行长期的训练，效率十分低下。

弹力带组合训练不仅可以使身体多个关节在不同平面、不同角度下进行，还可以充分调动身体多个肌肉群同时参与训练，以此发展运动员的肌肉耐力和动作速度、动作幅度和动作频率等一般身体素质，提高训练效果，从而为专项成绩的提高打下良好的基础。

（1）俯卧撑

开始姿势：双手的手掌握紧弹力带形成支撑，弹力带是紧绷的状态，手指指向前方，双臂的距离和肩膀一样宽，上半身呈直线。

固定位置：双手持弹力带固定在双手掌下方的位置。

训练方法：肘部弯曲，手臂弯曲成90°，再慢慢还原，分两步走，动作完成需要1~2秒，动作还原需要2~3秒。

组次设计：10~15次；2~3组；间歇30~60秒。

注意事项：弹力带力度大小要合适，整个动作过程中，身体始终呈一条直线，前脚掌支撑，腿部不要发力。

训练部位：胸肌、肱三头肌、腹部肌。

（2）俯卧直臂横向移动

开始姿势：身体形成俯卧的姿势，双手作支撑，抱住支臂，双手的距离要比肩膀窄，双腿岔开，距离小于髋，背部呈挺直状态，腹部收紧。

固定位置：两条弹力带分别绕过双手手腕和双脚脚踝上方的位置。

训练方法：左手和左腿撑在地面上，右手和右腿向右打开，之后缓缓回移，换成右手和右腿撑地，左腿和左手向右移动，整体需要1~2秒的时间来完成。

组次设计：10~15次；2~3组；间歇30~60秒。

注意事项：身体要保证在一条直线上，腰部不能塌下去，头抬起来，同侧的移动要保证腿和手同步。

训练部位：肱桡肌、三角肌、股外侧肌。

（3）单膝跪姿向上屈臂摆动

开始姿势：身体呈弓步，右腿跪在垫子上，左腿前弓，双手握住弹力带的两端并放在身体前方两侧，弹力带不能松懈，拳头的拳心向上，背部一定要挺直，腹部收紧。

固定位置：弹力带固定于左脚下方的位置。

训练方法：前臂曲臂向上摆动，最后呈现上臂与前臂的最小角度，之后开始还原动作，完成时间需要1~2秒，还原时间在2~3秒。

组次设计：10~15次；2~3组；间歇30~60秒。

注意事项：前腿和后腿都要曲成90°，左腿膝盖不超过左脚尖，上半身处于挺直状态，头部抬起，收腹。

训练部位：桡侧腕屈肌腱、肱桡肌、肱二头肌。

（4）单膝跪姿双臂向上直臂摆动

开始姿势：身体呈弓步，左腿跪在垫子上，右腿前弓，双手握住弹力带的两端并放在身体前方两侧，弹力带不能松懈，背部一定要挺直，腹部收紧。

固定位置：弹力带固定于右脚下方的位置。

训练方法：双臂呈直臂状态向上移动到头部两侧，最终和身体在一条直线上，之后在进行还原，动作完成和还原使用时间同上个动作。

组次设计：10~15次；2~3组；间歇30~60秒。

注意事项：前腿和后腿都要曲成90°，右腿膝盖不超过右脚尖，上半身处于挺直状态，头部抬起，收腹。

训练部位：肱三头肌、斜方肌。

（5）单膝跪姿单臂向上屈臂摆动

开始姿势：身体呈弓步，双手握住弹力带的两端并放在身体前方两侧，弹力带不能松懈，背部一定要挺直，腹部收紧。

固定位置：弹力带固定于右脚下方的位置。

训练方法：前臂向上做曲臂摆动动作，最终形成前臂和上臂的最小角度，之后慢慢还原，两条手臂要交替做此动作，动作完成时间需要1~2秒，还原时间2~3秒。

组次设计：10~15次；2~3组；间歇30~60秒。

注意事项：前腿和后腿都要曲成90°，右腿膝盖不超过右脚尖，上半身处于挺直状态，头部抬起，收腹，两只手臂交替摆动的速度要快。

训练部位：桡侧腕屈肌腱、肱桡肌、肱二头肌。

2.下肢素质训练

在运动训练中，下肢素质训练非常重要，它对专项运动的发挥效果有着直接的影响。通过借助弹力带设计一些下肢素质练习手段，从不同角度发展下肢素质训练，提高下肢速度、力量、耐力及动作控制能力，能够避免下肢肌肉弹性降低、横断面积增大，以及灵敏性降低等情况的发生，有效增强下肢素质，为进一步进行专项技术训练打下良好的基础。

（1）牵拉双腿小步向后走

开始姿势：身体呈前倾的状态，双脚前后打开，髋部和膝盖部位微微后屈，脚尖朝前，将弹力带绕在两个脚踝上，呈现紧绷的状态。

固定位置：弹力带分别绕于两脚踝上方。

训练方法：前面的脚保持静止状态，后面的脚慢慢向后移动，当后面的脚落地之后前面的脚也向后移动，重复此动作，完成动作需要1~2秒，还原动作需要2~3秒。

组次设计：每个动作做15~20次；做2~3组；间歇30~60秒。

注意事项：弹力带不能松懈，要保持紧绷，后面的脚向后迈步的时候尽量远一些，前面的脚也要稳定住，形成一定的阻力，迈步时脚不要抬高。

训练部位：胫骨前肌、腓肠肌、股直肌。

（2）牵拉双腿小步向前走

开始姿势：身体呈前倾的状态，双脚前后打开，髋部和膝盖部位微微后屈，脚尖朝前，将弹力带绕在两个脚踝上，呈现紧绷的状态。

固定位置：弹力带分别绕于两脚踝上方。

训练方法：后面的脚保持静止状态，前面的脚慢慢向前移动，当前面的脚落地之后后面的脚也向前迈步，重复此动作，完成动作需要1~2秒，还原动作需要2~3秒。

组次设计：15~20 次；2~3 组；间歇 30~60 秒。

注意事项：弹力带不能松懈，要保持紧绷，前面脚向前迈步的时候尽量远一些，后面的脚也要稳定住，形成一定的阻力，迈步时脚不要抬高。

训练部位：腓骨短肌、腓肠肌、股直肌。

（3）牵拉双腿小步横向移动

开始姿势：上半身前倾，双脚保持和肩膀同宽的距离，髋部和膝盖部位微微后屈，脚尖朝前，弹力带绕在脚踝的上方，并且使其紧绷。

固定位置：弹力带分别绕于两脚踝上方。

训练方法：右脚保持静止状态，左面的脚慢慢向左移动，当左面的脚落地之后右面的脚也向左迈步，重复此动作，完成动作需要 1~2 秒，还原动作需要 2~3 秒。

组次设计：15~20 次；2~3 组；间歇 30~60 秒。

注意事项：弹力带不能松懈，要保持紧绷，左面脚向左迈步的时候尽量远一些，右面的脚也要稳定住，形成一定的阻力，迈步时脚不要抬高。

训练部位：腓骨长肌、股外侧肌、趾长伸肌。

（4）牵拉单腿向前直腿摆动

开始姿势：上半身挺直，双脚分开距离小于髋部宽度，脚尖朝前，头部抬起，腹部收紧，微微有些含胸，弹力带紧绷绕在左腿脚踝上方。

固定位置：弹力带固定于身体后侧。

训练方法：左腿直立保持不动，右腿向前摆动并呈直腿状态，两条手臂也配合向前摆动，最后还原姿势。完成动作需要 1~2 秒，还原动作需 2~3 秒。

组次设计：10~15 次；2~3 组；间歇 30~60 秒。

注意事项：右腿向前摆动的时候，身体保持直立，抬头。

训练部位：臀大肌、股四头肌、股直肌。

（5）牵拉单腿向后直腿摆动

开始姿势：上半身挺直，双脚分开距离小于髋部宽度，脚尖朝前，头部抬起，腹部收紧，微微有些含胸，弹力带紧绷绕在左腿脚踝上方。

固定位置：弹力带固定在身体前方。

训练方法：左腿直立保持不动，右腿向后摆动大约半步的距离，两条手臂也配合向前摆动，最后还原姿势，完成动作需要 1~2 秒，还原动作需 2~3 秒。

组次设计：10~15 次；2~3 组；间歇 30~60 秒。

注意事项：右腿向后摆动的时候，身体保持直立，抬头。

训练部位：腓肠肌、臀大肌、股二头肌、大收肌。

3. 核心稳定性训练

核心稳定性训练是任何运动项目训练中都不可或缺的，它不仅可以增强身体的稳定性，而且还可以增强运动员在比赛中的专项动作控制能力，从而使运动员有比较稳定的发挥。通过用弹力带进行核心稳定训练，可以从不同角度进行阻力核心稳定训练，进一步加大训练动作控制的难度，提高运动员的动作控制能力。

（1）双腿悬空仰卧收腹

开始姿势：身体仰卧在垫子上，大腿和小腿与髋部呈90°悬挂在半空，弹力带将双手手腕和背部环绕起来，双臂向上紧绷伸直。

固定位置：弹力带固定于背部下。

训练方法：上半身带动头部向上至最大的幅度，腹部呈收紧状态，之后慢慢还原，完成动作需要1~2秒，还原动作需2~3秒。

组次设计：10~15次；2~3组；间歇30~60秒。

注意事项：双手手臂始终保持直臂的状态，弹力带紧绷，双腿悬空不动。

训练部位：腹直肌、背阔肌。

（2）上体悬空双臂直臂前摆

开始姿势：双腿跪在垫子上，上半身向前倾，手撑在垫子上，弹力带紧绷环绕在两个手掌。

固定位置：弹力带固定于双膝下方。

训练方法：两只手臂缓慢向上摆动直到最大的幅度，并且始终保持直臂的状态，之后慢慢还原，完成动作需要1~2秒，还原动作需2~3秒。

组次设计：10~15次；2~3组；间歇30~60秒。

注意事项：上半身一直处在悬空的状态，必要时教练员可以压住练习者双脚辅助施压。

训练部位：背阔肌、三角肌、肱三头肌。

（3）半仰卧单腿牵拉

开始姿势：身体成半仰卧姿势于训练垫上，右腿上摆至与地面垂直，弹力带环绕于右脚脚底与双手手掌并呈绷紧状态。

固定位置：弹力带环绕于脚底与双手手掌。

训练方法：右腿保持静止，双手紧握弹力带，上体缓慢向下移动直至仰卧于训练垫上，之后慢慢还原，完成动作需要1~2秒，还原动作需2~3秒。

组次设计：10~15次；2~3组；间歇30~60秒。

注意事项：上体向下移动时左腿保持静止，不要随身体移动而摆动。

训练部位：腹直肌、背阔肌、腓骨短肌。

（4）仰卧瑞士球双臂前摆

开始姿势：身体背部仰卧于瑞士球上，双手紧握弹力带，挺髋，大腿与小腿保持90°，双脚脚跟支撑于地面。

固定位置：弹力带固定于身后水平位置。

训练方法：两只手臂向上摆动，保持直臂的状态，最终手臂与地面形成90°，之后慢慢还原。完成动作需要 1~2 秒，还原动作需 2~3 秒。

组次设计：5~10 次；2~3 组；间歇 30~60 秒。

注意事项：头部与上体保持一条直线，不能塌腰，身体要稳定在瑞士球上，双臂摆动时，身体保持正直，不能左右晃动。

训练部位：肱三头肌、三角肌、斜方肌。

（5）仰卧瑞士球单臂侧拉

开始姿势：身体背部仰卧于瑞士球上，右手紧握弹力带，右臂展开与肩横轴平行，左臂屈臂放于胸前，挺髋，大腿与小腿保持 90°，双脚脚跟支撑于地面。

固定位置：弹力带固定于身体右侧上方。

训练方法：右臂直臂向上向左平拉，直到右臂和地面成 90°，之后慢慢换原，完成动作需要 1~2 秒，还原动作需 2~3 秒。

组次设计：5~10 次；2~3 组；间歇 30~60 秒。

注意事项：头部与上体保持一条直线，不能塌腰，身体要稳定在瑞士球上，单臂拉动时，身体保持正直，不能随之转动。

训练部位：胸大肌、三角肌、肱桡肌。

4. 结合专项技术训练

训练方法追求的是因果效应，其手段应以专项为中心，这是当今世界高水平运动员训练的一个趋势。当然，这并不只是一味地训练专项技术，而是着眼于练习手段设计的目的是否和专项有关，是否对促进专项成绩有帮助。所以，在平时的训练中，不仅要达到运动员竞技能力能量储备的目的，也要达到专项技术的能力的水平，最终提高其身体素质和专项技术能力。

（1）牵拉向前高抬腿

开始姿势：身体保持正直，双脚的位置保持和肩膀同宽，脚尖朝前，弹力带紧绷绕在腹部，抬头收紧腹部，胸部微微含胸。

固定位置：弹力带固定于教练员手中。

训练方法：教练员在后面拉起弹力带形成阻力，运动员进行高抬腿跑。

组次设计：2~3 组，间歇 30~60 秒。

注意事项：要根据运动员本身的身体素质和训练的强度要求调整教练员所给阻力的大小及需要完成的距离，运动员在进行高抬腿的时候抬头，抬腿的高度可以和髋部平行也可以高于髋部。

（2）牵拉向前行进跑

开始姿势：身体挺直站立，脚尖向前，弹力带紧绷环绕在腹部，抬头收紧腹部，胸部微微含胸。

固定位置：弹力带固定于教练员手中。

训练方法：运动员向前快速奔跑，教练员始终在后面拉起弹力带形成阻力。

组次设计：2~3 组，间歇 30~60 秒。

注意事项：要根据运动员本身的身体素质和训练的强度要求调整教练员所给阻力的大小及需要完成的距离；跑的时候抬头，跑步姿势标准。

（3）牵拉侧向滑步

开始姿势：双腿微屈，身体稍前倾，弹力带环绕于髋部上方并呈绷紧状态。

固定位置：弹力带固定于身体正侧面位置。

训练方法：身体向侧方进行滑步练习，直到崩到弹力带的最大承受长度，之后慢慢还原，完成动作需要 1~2 秒，还原动作需 2~3 秒。

组次设计：10~15 次；2~3 组；间歇 30~60 秒。

注意事项：滑步时脚步要利索，避免出现拖沓。

（4）牵拉转身成弓步

开始姿势：双腿微屈，身体稍前倾，弹力带环绕于髋部上方并呈绷紧状态。

固定位置：弹力带固定于身体正侧面。

训练方法：内侧腿向外侧方向快速转动成弓步，之后慢慢还原，完成动作需要 1~2 秒，还原动作需 2~3 秒。

组次设计：10~15 次；2~3 组；间歇 30~60 秒。

注意事项：内侧腿转动时速度要快，蹬伸要充分。

（5）单膝跪姿跨栏起跨腿练习

开始姿势：单腿跪在垫子上，两条手臂撑在垫子上，呈直臂的状态，俯卧的姿势，跨栏起跨腿直腿悬空，整个身体绷成直线，弹力带紧绷绕在摆动的脚面上。

固定位置：弹力带固定于身体正后方。

训练方法：抬起的腿向前做提拉的动作，之后慢慢还原，完成动作需要 1—2 秒，还原动作需 2~3 秒。

组次设计：10~15 次；2~3 组；间歇 30~60 秒。

注意事项：展髋、提膝有较大的幅度，身体尽量较小扭动的幅度，整体速度由慢到快。

第四节 悬吊动作训练

一、悬吊训练概述

（一）悬吊训练的起源与发展

悬吊训练是指通过悬吊带将身体局部悬吊起来，使身体在不稳定状态下进行的力量练习。悬吊训练是近几年较为流行的一种新兴体能锻炼方法，经常能在各种训练场所和健身会所看到这种训练，它为广大运动员和健身爱好者提供了很有效的帮助。

最初的悬吊工具并不是用来做体能锻炼的，而是被用在医学领域。它的历史最早可以追溯到第二次世界大战，在这期间，许多士兵由于受伤被收容于战地医院，当时医用条件很差，医疗人员短缺，受伤士兵由于没有得到及时的照顾而产生褥疮及肌肉萎缩，有些士兵因为严重的肌肉萎缩而丧失了战斗力，还有很多的士兵甚至死于褥疮的各种并发症。医疗人员根据长期的临床观察以及治疗经验，决定尝试性地使用简易悬吊装置，即将患者需要放松的身体部位置于所希望的姿势，然后慢慢地移动该部位，从而防止肌肉萎缩和产生褥疮。此方法在第二次世界大战期间被广泛用于战士战斗创伤的恢复过程。在这一阶段，悬吊装置是为医疗服务，它所起到的作用是医学辅助，目的是加速伤员的机体恢复，以及防止恢复过程中出现相关并发症、肌肉萎缩。

第二次世界大战结束后，随着社会的不断进步和医学领域的不断发展，悬吊工具在医学上已不再只为急性创伤恢复服务，而是逐渐地被用于医疗的其他领域。在挪威，悬吊工具被推广用于治疗肩关节和髋关节方面的慢性疾病。在医学领域，肩关节和髋关节的主要问题是关节的活动度受限，而悬吊工具通过悬吊带悬吊患者的关节活动受限部位，使患者能够通过主动锻炼来自主增加关节活动度。在悬吊带的作用下，重力的影响基本消除，患者在受到全面保护的前提下进行有效的控制运动，能够使肌肉和关节逐步活动到最大限度，甚至还能进一步牵伸。悬吊工具不仅能够有效地帮助患者恢复关节活动度,而且还能增强患者的信心。悬吊训练作为独特的治疗方法得到了社会初步的认可。

进入现代快速发展的社会,体育和科学的关系越来越密切,并且科学体育也已经快速发展起来,悬吊训练的技术也在不断成熟。悬吊训练主要训练的是四肢和躯干,经过训练可以促使身体的协调能力和平衡能力得到发展。悬吊训练对于运动员来说也是一种重要的练习方法,所以在体育中也将悬吊训练作为必要的训练项目。经过多年的研究,悬吊训练的可以改善人体的多项能力,不论是平衡能力、协调能力还是稳定性,同时也有利于下肢的爆发能力的训练,预防身体损伤。

悬吊训练在如今应用的领域十分广泛,包括医学治疗和康复、专业运动员训练、健身锻炼、保健等等。

(二)悬吊训练的科学性与重要意义

1. 悬吊训练的科学性

以前,体育运动爱好者只能通过杠铃训练来增长肌肉力量,这种力量训练的手段单一枯燥,并且危险性很高。另外,运用杠铃增长力量的方法通常是针对大肌肉群的力量刺激,而体育项目往往要求大小肌肉群共同参与才能完成一个完整动作,所以单纯通过杠铃训练力量的效果并不理想。悬吊训练与传统的力量练习有什么区别呢?

从生理解剖学的角度看,传统的力量训练知识简单地对大肌肉群进行力量的刺激,而悬吊训练更多的是对小肌肉群的刺激,因为小肌肉群对身体的稳定性和平衡性有很重要的意义。悬吊训练的训练过程是将身体的局部进行悬吊,使身体处在一种不稳定的状态下,在这种情况下再进行练习需要对抗身体的重力,慢慢地将力量锻炼出来,甚至可以激活一些深层的肌肉群和小肌肉群。

从悬吊训练的工作原理来看,传统的力量训练在训练的时候身体一般比较平衡,这是因为在进行练习的时候器械和地面会给身体一个稳定的支撑力。悬吊训练却更加注重身体本身的控制能力,通过深层的小肌肉群的固定作用,加上神经系统可以起到对肌肉的支配作用,本质上就是神经支配肌肉控制各种动作的完成,无形中就增加了身体的控制能力。在实践的训练中,虽然有时候核心肌群不进行发力,但是核心肌群也一直在起稳定控制的作用。这种对核心力量的要求和训练是其他传统的训练达不到的。

2. 悬吊训练对青少年体能训练的重要意义

在我国,肥胖严重影响青少年的健康成长发育。青少年肥胖是影响身体形态的重要因素，更是形成成人肥胖病、高血压、冠心病、糖尿病等的主要诱因。青少年的身体素质和成年人有一定差距，所以不能用成年人的标准对青少年进行训练，要根据青少年的发育特点确定适合这个时期的训练手段及负荷和强度。刚刚进入青春期的青少年神经系统发育迅速，要根据这个时期的特点加紧对神经系统的训练，增强身体的协调和平衡能力。通过一些简单的动作训练，逐步增强身体的肌肉力量和神经系统的控制能力。在进行悬吊训练时要对练习场地进行安全检查，确保青少年在安全的环境中进行练习。

（三）悬吊训练的基本原则

1. 循序渐进原则

循序渐进原则就是合理安排悬吊训练的顺序，包括内容、方法和负荷等，一般都是由易到难，由简单的动作到复杂的动作，逐渐提高强度，能够系统地掌握悬吊训练的各种知识和技术及方法。具体到训练课程上，可以调整每周的训练次数、每一个动作的训练时间和比例，以及根据训练情况变化调整训练的内容和计划。

2. 适宜负荷原则

适宜负荷原则即要根据训练者的身体素质和人体适应训练的规律情况、训练者的训练需求等，在实践的训练中落实一定的负荷和强度，最终取得理想的效果。一般在刚刚进行悬吊训练的时候要从小的负荷做起，慢慢地加大负荷量，让训练机体有一个适应的过程。训练到一定的程度后，就能发现身体的训练水平不断提升，最终越来越接近训练的力量目标。

3. 有效控制原则

有效控制原则主要是指对训练进行有效的控制。根据现代的控制理论，需要在进行悬吊训练的时候不断调整控制情况，更好地掌握悬吊技能。针对悬吊训练的各个环节和阶段要进行控制和把握，及时调节训练的内容、负荷和强度，让悬吊训练可以在既定的方案和计划内进行有效的发挥，最终促使目标的实现。

4. 适时恢复原则

适时恢复原则是针对训练者产生的疲劳，要在训练的时候适当加上机体恢复的时间和环节，让机体在适应的过程中超量恢复，最终提高机体的能力。悬吊训练反对让运动员带着疲劳感进行训练，这样必定会影响训练的效果。所以每当训练者产生疲劳感时，就要及时让训练者进行恢复，可以加上恢复性的训练，让练习者能够高效锻炼。

二、悬吊训练方法

（一）热身训练

前面提到过，悬吊训练是在训练的过程中将身体的某一个部分悬吊起来，在不稳定的情况下进行力量的训练，这样可以扩大关节活动范围，提高韧带的伸展能力，增强身体的平衡力和协调力，加强核心区域的力量。因此，在训练前的热身活动中要针对小肌肉群、核心区肌肉群，以及关节韧带组织进行充分的牵引与热身，以便能够更好地预防运动损伤，达到良好的训练效果。

1. 颈部静力牵伸

开始姿势：上体直立，两脚自然分开，目视前方。

训练方法：将头部向左侧方倾斜，倾斜至颈部有牵伸感，静止15~25秒钟，换右侧牵伸，完成后进行前后牵伸练习，重复3~5组。

注意事项：上体保持直立，不耸肩，不弓背。

训练部位：头长肌、颈长肌、斜角肌、肩胛提肌、胸锁乳突肌。

2. 肩部绕环牵伸

开始姿势：上体直立，两脚自然分开，两臂平举，目视前方。

训练方法：将双臂同时向相反方向进行绕环练习，在身后与身前手臂处于同一水平高度时，略停3~5秒钟再完成绕环动作，重复3~5组。

注意事项：上体保持直立，以肩部为轴运动。

训练部位：肩胛下肌、三角肌、斜角肌、冈上肌、胸大肌、背阔肌。

3. 手臂牵伸

开始姿势：俯撑姿势，双臂挂迷你训练带。

训练方法：左臂支撑，右臂向右方移动，移动5次，再向另一侧移动，重复3~5组。

注意事项：同侧腿随同侧臂移动，移动臂落地后，支撑臂才能移动，移动过程要慢。

训练部位：三角肌、肱三头肌、尺侧腕伸肌、桡侧腕屈肌。

4. 腹部牵伸

开始姿势：并腿屈膝，水平仰卧。

训练方法：上体固定，并腿向右侧转髋，每一侧牵伸静止15~25秒，还原动作，再换另一侧牵伸，重复3~5组。

注意事项：躯干始终保持水平，紧贴垫子，转髋过程中两腿并拢。

训练部位：背阔肌、髂腰肌、腹外斜肌、腹内斜肌。

5. 腰部牵伸

开始姿势：上体直立，两脚分开，比肩略宽，两臂侧平举，目视前方。

训练方法：转动腰部，右手抓左侧跟腱部位，抓住后静止 15~25 秒，还原动作，再换另一侧牵伸，重复 3~5 组。

注意事项：腿部不能弯曲，上臂保持与地面垂直。

训练部位：背阔肌、前锯肌、腹外斜肌、竖脊肌。

（二）上肢及肩部训练练习

1. 悬吊双臂屈臂伸展

开始姿势：身体后倾，双脚前后站立，双手分别握住悬吊环，双支手臂在胸两侧进行屈臂收缩，掌心呈相对的姿势。

训练方法：双脚不动，慢慢沿着吊绳的方向伸展手臂，直到伸直，之后再收缩还原到原来的姿势，完成动作需要 1~2 秒，还原动作需 2~3 秒；每组的动作要做 20~30 次，完成 10~15 组，组之间的间隔时间保持在 45~60 秒。

注意事项：整个动作过程中两脚固定，腿部不要发力，伸展动作要缓慢。

训练部位：肱二头肌、肱肌、肱桡肌、桡侧腕屈肌。

2. 悬吊双臂俯卧撑

开始姿势：两只手握紧吊环，向前俯卧，手臂呈直臂姿势支撑起身体，两只脚并在一起。

训练方法：向下压自己的身体，手臂屈臂，直到完成俯卧的动作后再进行还原，完成动作需要 1~2 秒，还原动作需 2~3 秒。每组的动作要做 10~15 次，完成 5~10 组，组间间歇 45~60 秒钟。

注意事项：身体要一直保持水平状态，腿部不发力，肘部弯曲动作要缓慢，做到俯卧动作时脚尖撑地，保持不动。

训练部位：肱三头肌、三角肌、胸大肌、前锯肌。

3. 悬吊双臂仰卧屈臂上拉

开始姿势：仰躺在垫子上，双手去握吊环，手臂成直臂状态，手心朝向脚的方向，两只脚并拢起来。

训练方法：屈臂将上半身拉起，大约和地面形成 70°夹角，之后慢慢还原，手臂伸展开，完成动作需要 1~2 秒，还原动作需 2~3 秒；每组的动作要做 10~15 次，完成 5~10 组，每组间隔 45~60 秒的时间。

注意事项：整体动作腿不发力，双臂的用力要均匀，速度要缓慢，躯干不能乱晃，要尽量保持固定。

训练部位：肱三头肌、肱二头肌、三角肌。

4. 悬吊双腿俯卧撑

开始姿势：膝盖跪在垫子上，身体俯卧，双臂直立支撑，双脚悬吊在吊环上，呈现俯卧撑的姿势。

训练方法：双脚牢牢固定在吊环上，屈肘向下压身体，能够感到一定的牵拉感觉，之后再将手臂伸直，还原最初姿势，完成动作需要 1~2 秒，还原动作需 2~3 秒；每组的动作要做 20~30 次，完成 10~15 组，每组间隔 45~60 秒的时间。

注意事项：整体动作腿不发力，身体保持水平状态，速度要缓慢，躯干不能乱晃，要尽量保持固定，向下压的动作稍快一些，但是还原的动作要慢一些。

训练部位：肱二头肌、肱肌、肱桡肌、桡侧腕屈肌。

5. 悬吊双腿仰卧后臂屈撑

开始姿势：坐在垫上，将悬吊环扣套在双脚上，两腿自然分开，直臂支撑。

训练方法：缓慢屈臂下压身体，感觉到腿部的极限了再慢慢还原动作，完成动作需要 1~2 秒，还原动作需 2~3 秒；每组的动作要做 20~30 次，完成 10~15 组，每组间隔 45~60 秒的时间。

注意事项：背部发力，控制躯体动作。

训练部位：肱二头肌、肱三头肌、尺侧腕伸肌、桡侧腕屈肌。

（三）下肢及髋部训练练习

1. 悬吊双臂单腿前抬下蹲

开始姿势：面朝悬吊环，两只手分别握紧吊环，掌心相对。

训练方法：上半身向后仰，一条腿屈膝，一条腿抬起，缓缓下蹲，之后慢慢还原，完成动作需要 1~2 秒，还原动作需 2~3 秒；每组的动作要做 20~30 次，完成 10~15 组，每组间隔 45~60 秒的时间。

注意事项：整个过程身体需要绷直。

训练部位：股四头肌、竖脊肌。

2. 悬吊双臂单腿后抬下蹲

开始姿势：面对悬吊环站立，双手分握悬吊环，掌心相对。

训练方法：上半身后仰，将一条腿屈膝向后抬起悬空，另一条腿支撑地面并缓缓下蹲，直到动作极限，之后慢慢还原，完成动作需要 1~2 秒，还原动作需

2~3 秒；每组的动作要做 20~30 次，完成 10~15 组，换另一侧，每组间隔 45~60 秒的时间。

注意事项：整个过程身体需要绷直，下蹲时膝关节不超过脚尖。

训练部位：股四头肌、竖脊肌。

3. 悬吊单腿半蹲起

开始姿势：背向悬吊绳站立，将悬吊环套于单脚脚面。

训练方法：将身体下蹲，直到大腿和地面成平行水平，同时，被吊环悬吊的脚向后移动，当感到有拉伸的感觉时再慢慢还原动作，完成动作需要 1~2 秒，还原动作需 2~3 秒；每组的动作要做 20~30 次，完成 10~15 组，换另一侧，每组间隔 45~60 秒的时间。

注意事项：整个过程身体需要绷直，下蹲时膝关节不超过脚尖。

训练部位：股四头肌、竖脊肌。

4. 悬吊单腿仰卧上摆

开始姿势：仰卧于垫上，将悬吊环挂于一侧脚跟，双臂紧贴地面。

训练方法：悬吊腿缓慢屈膝达到直角后固定，双臂发力支撑，提髋，另一条腿缓慢上摆，直到感觉拉伸感，之后慢慢还原，完成动作需要 1~2 秒，还原动作需 2~3 秒；每组的动作要做 20~30 次，完成 10~15 组，换另一侧，每组间隔 45~60 秒的时间。

注意事项：上半身固定不动，两腿屈膝的同时不外展。

训练部位：竖脊肌、半腱肌、半膜肌、股二头肌、腓肠肌、股四头肌。

5. 悬吊单腿仰卧外展

开始姿势：身体仰躺在垫子上，一只脚悬挂在吊环上，两只手臂贴在地面。

训练方法：悬挂的一只腿屈膝，两只手臂支撑发力，将髋部提起，直到屈膝的角度成直角后不动，另一只脚向外伸展，感到拉伸感后再慢慢还原，完成动作需要 1~2 秒，还原动作需 2~3 秒；每组的动作要做 20~30 次，完成 10~15 组，换另一侧，每组间隔 45~60 秒的时间。

注意事项：上半身固定不动，两腿屈膝时不外展。

训练部位：竖脊肌、半腱肌、半膜肌、股二头肌。

（四）核心稳定训练

1. 悬吊双腿 V 型支撑

开始姿势：坐在垫子上，双腿向上勾住吊环悬挂，身体向后仰，手臂作支撑。

训练方法：手臂伸直发力，将臀部抬起，腹部收紧，最后身体形成 V 型，静止不动，完成动作需要 1~2 秒，还原动作需 2~3 秒，之后需要保持动作 45~60 秒的时间；每组的动作要做 10~15 次，完成 10~15 组，每组间隔 45~60 秒的时间。

注意事项：整个动作过程双臂伸直保持固定。

训练部位：腹直肌、腹横肌、三角肌。

2. 悬吊单腿 V 型支撑

开始姿势：坐在垫子上，一条腿向上勾住吊环悬挂，身体向后仰，手臂作支撑。

训练方法：手臂伸直发力，将臀部抬起，腹部收紧，最后身体形成 V 型，静止不动，完成动作需要 1~2 秒，还原动作需 2~3 秒，之后需要保持动作 45~60 秒的时间；每组的动作要做 10~15 次，完成 5~10 组，每组间隔 45~60 秒的时间。

注意事项：双臂一直保持伸直的状态。

训练部位：腹直肌、腹横肌、三角肌。

3. 悬吊单肘并腿侧撑

开始姿势：身体挺直站立，一只手臂吊在悬吊环上，固定在手肘部。

训练方法：身体向悬挂悬吊环的一侧倒，肘部固定不动作支撑，另一只手臂贴在身体一侧，动作需要静止 45~60 秒的时间；每组的动作要做 10~15 次，完成 5~10 组，每组间隔 45~60 秒的时间。

注意事项：双臂一直保持伸直的状态，脚尖向前。

训练部位：腹内斜肌、腹外斜肌、多裂肌。

4. 悬吊单肘侧支撑抬腿

开始姿势：身体挺直站立，一只手臂吊在悬吊环上，固定在手肘部。

训练方法：身体向悬挂悬吊环的一侧倒，肘部固定不动作支撑，另一只手臂贴在身体一侧，同时这一侧的腿向上抬起 30°，动作需要静止 45~60 秒的时间；每组的动作要做 10~15 次，完成 5~10 组，换成另一侧，每组间隔 45~60 秒的时间。

注意事项：身体保持固定，脚尖向前。

训练部位：腹内斜肌、腹外斜肌、多裂肌、耻骨肌。

5. 悬吊双腿俯卧背起

开始姿势：俯卧在垫子上，用吊环吊起双脚，固定在脚面上，两只手抱住头部。

训练方法：上半身向上挺起，直到最大角度，然后静止再慢慢还原，完成动作需要 1~2 秒，还原动作需 2~3 秒，之后需要保持动作 45~60 秒的时间；每组的动作要做 10~15 次，完成 5~10 组，每组间隔 45~60 秒的时间。

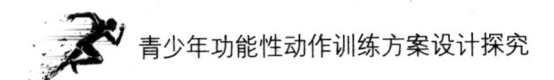

注意事项：双腿伸直固定，脚尖绷直。
训练部位：竖脊肌、多裂肌、臀大肌。

第四章 青少年功能性训练的基础动作方案设计

功能训练对提高人体功能性体能有很大的作用，尤其是青少年的身体健康和成长，本章简单介绍了青少年功能性训练的基础动作，包括髋、膝、肩、抗旋转、抗伸屈五大身体部位的动作设计。

第一节 髋主导的动作方案设计

一、髋关节主导的单腿进阶训练

（一）基准

单腿直腿硬拉。单腿直腿硬拉已成为后链练习之王。它不仅发展整条后链（臀肌、腘绳肌和长收肌），还可以增强平衡。该练习安全，具有挑战性，而且极为有益。目前有一个时髦的术语可以最准确地描述单腿直腿硬拉的动作，就是髋关节铰链的概念。髋关节铰链能力是无须弯曲腰椎，只用髋关节运动的能力。膝关节弯曲10~20°，余下的所有动作都来自髋关节，关键是腰椎的零屈曲。这个动作经常被称为"捡高尔夫球"，因为它类似于从草地上捡球的动作。

假如在方案中，我们只安排两项下肢练习，那么通常来说就是"单腿直腿硬拉"和"分腿蹲"。而如果这项方案面向的是初学者，通常也会选择"单腿直腿硬拉"和"分腿蹲"练习，以这两项为开始内容。

在我们的方案中，任何双腿版本的后链练习都并非首要选择，我们真正最先选择的是"单腿直腿硬拉"。相较于双腿后链练习，单腿后链练习具有更强的功能性，其为脚踝带来了更好的本体感受训练。当然，这项练习还具有其他优势，如其并不需要多么大的负重，或是其很难造成背部损伤等。

就像侧步蹲一样，我们既能够将其作为负重力量训练，也可以将其作为自重

热身练习。因而，有时我们在进行单腿直腿硬拉与分腿蹲训练时，并非是在做力量训练，而是在以热身和灵活性训练为目的，进行自重练习。

当然，我们要意识到，该练习最终仍旧是一项力量练习。在单腿直腿硬拉中，部分运动员甚至能够采用高达 225 磅（约 100 公斤）的重量进行练习。

技术要点如下。

（1）支撑脚对侧的手将一个哑铃或者壶铃握住（这里应首选壶铃，一方面其容易被握住，另一方面其能够产生一个恒定向下的力）。从髋部开始前倾，前倾的时候要将自由腿向后抬起，一直抬到与躯干呈一条直线为止。我们要在心中将自身从头到脚想象为一个完整的移动长条，同时挺胸，保证下背平坦，并保持这样的姿势。

（2）尝试着将壶铃或哑铃刚好放在支撑脚内侧的地面上。

（3）通过后腿的延伸，想着要尽可能地拉长身体。后脚的脚尖回勾向胫骨，脚跟向后蹬，想象着好像能蹬到后面的墙上（图 4-1-1）。

（4）该练习的目的是不要把壶铃或哑铃放到地上。专注于腘绳肌拉伸的感觉，以强化正确的技术。

（5）重要提示：如果膝盖内扣，尝试将腿伸向支撑脚的外侧。这种旋转动作让骨盆顶着股骨旋转，能拉伸到臀肌。

每条腿做 2 组或 3 组，每组 5~10 次，具体取决于训练水平和训练阶段。

图 4-1-1　单腿直腿硬拉

（二）退阶

1. 退阶一：单腿直腿硬拉伸手

单腿直腿硬拉伸手版：

对于学习髋关节铰链动作有困难的人来说，单腿直腿硬拉的伸手版本是绝佳的退阶方式。许多初学者很难用髋部移动，他们总想从腰作始动。很多人在开始时也会很难取得平衡。

伸手版本在开始时没有负重，而且最好用一个锥桶来辅助，这将鼓励和强化伸手动作。在伸手版本中的关建仍然是尽可能拉长身体，但这一次的指令是自由脚向后伸，同时手向前伸。该练习几乎是万无一失的，因为后腿的伸展激活了自由腿的臀肌和胸绳肌，而伸手则激活腰部和胸部的伸肌。运动员可进阶到手持较轻的手柄实心球，但最初的教学指导只需要使用自身体重。该练习可以成为年龄较小（11岁或12岁）或者年龄较大（30岁以上）的运动员的基准练习。

技术要点如下。

（1）想着后脚的脚尖向前勾起指向胫骨，手向前伸得尽可能远。

（2）尽可能地拉长身体。长是一个重要提示，这将防止腰部屈曲，并促进髋关节的铰链动作。

（3）通过手持实心球可以增加负重。较轻的手柄实心球可以产生特别好的效果。

2. 退阶二：单腿直腿硬拉交叉伸手

如果伸手退阶不起作用，往往是因为运动员不能正确使用臀肌来稳定髋关节，

这会使身体不稳和产生技术错误。为了解决这个问题，应鼓励运动员再次在固定的股骨上移动骨盆，使其要往交叉方向后伸。交叉后伸能够带动骨盆，让骨盆顶着站立腿的固定股骨进行内旋。其结果是拉伸臀肌，增加肌肉的募集，让站立腿有更好的稳定性。

为了做出这个动作，运动员站在锥桶前，锥桶放在支撑脚外侧30厘米外的地面上，要求把手伸到身体的对侧去碰锥桶，保持身体挺直。这是一个神奇的纠正练习，往往可以让一个不稳定、摇摇晃晃的运动员马上稳定起来。

（三）进阶

1. 进阶一：拉力绳负载单腿直腿硬拉

如果场馆有大量低位滑轮拉力绳，可以使用单腿直腿硬拉的低位滑轮版本作为基准练习。在一对一的情况下，这可能是开始指导进行单腿直腿硬拉的最佳方式。但是，对于大型团体或运动队可能就不是最实用的选择了。该练习可以是一个负载进阶练习，同时也是很好的教学工具，因为它有一个自我纠正的成分在内。

技术要点在于负载阻力的矢量方向。运动员并不是将负重放到地面上，而是被负重拉向前方。这改变了后链的负荷方式，带来了很大的回拉、伸髋矢量。

（1）在低位滑轮的前面安装一个手柄。

（2）握持手与支撑脚是对侧。

（3）拉长身体、伸展髋关节。

（4）前腿膝关节仍然是屈曲10°到20°。

2. 进阶二：弹力带负载单腿直腿硬拉

与前面的练习相同，唯一区别是阻力是由弹力带提供，而不是低位滑轮。这里有几个好处。

（1）弹力带比滑轮便宜得多。

（2）利用弹力带可以使阻力随着髋关节的伸展幅度而增大。随着弹力带的拉伸，活动范围边界的阻力会增加。这种给后链负载的方式被认为是积极的，因为肌肉压力最大的时刻就是在其活动范围的边界处，在跑步蹬地阶段开始之时。

（3）动作的练习方式没有变化。重点仍然是拉长身体，并以髋关节为铰链。

（4）该练习在拉伸姿势中最容易，负载随着弹力带的拉长而增加，使髋关节在伸展时所承受的负载最大。

二、桥式进阶：学习屈腿

髋关节主导的练习可以进一步细分为针对臀肌的练习，以及针对腘绳肌的练习。臀桥和单腿臀桥是核心练习，最初可作为针对臀肌的训练，然后进阶到针对腘绳肌的屈腿变体。

有个难题是，帮助伸展髋关节的肌肉，特别是腘绳肌，仍然经常被错误地作为膝关节的屈肌进行训练。在许多过时的力量训练方案中，有些肌肉群的训练还是根据起止点解剖学对其功能的陈旧理解来设计的。

尽管一些解剖学文献仍然将腘绳肌群描述为屈膝肌，但腘绳肌实际上是有力的伸髋肌和膝关节稳定肌。腘绳肌仅在非功能性环境下才作为屈膝肌。在跑、跳和滑冰中，腘绳肌的功能并不是弯曲膝关节，而是伸展髋关节。

因此，卧姿或站姿的屈腿等练习是在浪费时间。机械辅助的屈腿练习完全不是运动或在生活中腘绳肌的使用模式和方式。我们经常以这些非功能性的模式来训练或康复腘绳肌，这可以解释用屈腿等练习进行康复后的运动员为什么会反复拉伤腘绳肌。

将臀肌和腘绳肌作为髋关节伸肌，而不是膝关节屈肌进行训练，长远来看，对消除经常在运动中出现的腘绳肌拉伤大有帮助。提醒运动员和教练，要考虑肌肉的真正功能，而不是解剖书中的描述，应将腘绳肌视为有力的伸髋肌，以及在跑步时离心收缩减慢膝关节伸展的肌肉。还要记住，要在膝关节屈曲和伸展两种情况下锻炼腘绳肌和臀肌。对于一部分人来说，这可能是一个重大的思想转变，通过正确的训练可以拥有健康的腘绳肌。

我们还可以用其他名字称呼桥式进阶和臀桥。例如，"挺髋""提髋"都是臀桥的别名。作为从核心训练到下肢训练的交叉点，臀桥的初始阶段往往是在方案的灵活性练习和激活部分完成的，此时，运动员会努力学习相关动作，对臀肌功能与腰椎伸展和髋关节伸展加以区分。而随后，相同的动作会进阶为单腿提髋或单侧桥，以及提髋和抬肩桥。最终，臀桥的动作形成滑板屈腿或瑞士球屈腿的起点。

（一）基准

单腿臀桥或库克式提髋。著名物理治疗师格雷·库克（Gray Cook）推广了这一练习，教运动员学会如何快速、轻松地区分伸髋肌和伸腰肌的功能。大多数运动员都没有意识到，在有意限制腰椎的活动范围时，其髋关节的活动范围是多么有限。正确进行提髋或臀桥的好处是，它将核心练习、主动拉伸练习以及臀肌力量练习集中在了一个简单的动作中。

该动作的动作要点是，仰卧并且双脚平放在地板上，然后放一个网球在肋骨的下端，将一侧腿用力拉回到胸前，夹住网球，之后，踩在地板上的脚向下蹬地然后伸髋，同时对侧腿继续保持网球紧贴肋骨。在该练习中，活动范围在5~8厘米。如果放松上腿不再夹球，活动范围可以大幅增加，但这样做就违背了目的。上腿放松不再夹球后，腰椎伸展就会代替髋关节伸展了（动作示范如图4-1-2）。

图 4-1-2　单腿臀桥或库克式提髋

该练习有三个明显的好处。

（1）该练习使用臀肌作为主要的伸髋肌，同时减少腘绳肌作为伸髋肌的参与。

（2）该练习教运动员如何区分髋关节伸展和腰椎伸展。

（3）教练可以评估屈髋肌群的紧张程度，可能会限制髋关节伸展，并导致腰背部的疼痛。

如果运动员发生腘绳肌痉挛的现象，则说明臀肌没有正常工作。美国国家运动医学会（NASM）的物理治疗师迈克尔·A. 克拉克 (Micheal A. Clark) 用此作为协同主导的一个例子，其中腘绳肌被迫要补偿薄弱的臀大肌。

(二)进阶

1. 进阶一:抬肩提髋

抬肩提髋是库克式提髋的一个很好的进阶练习。把肩膀抬起来,放在一个标准的运动长凳上,以增大练习的难度。

所有这些提髋练习都使用次数为 8—10—12 的自重进阶。

2. 进阶二:瑞士球屈腿

瑞士球屈腿是一个高级练习,因为它需要使用臀肌和竖脊肌来稳定躯干,并使用腘绳肌进行闭链屈腿。该练习可培养躯干的稳定性,同时也能加强腘绳肌的力量。这里只建议两个屈腿动作,就是瑞士球屈腿和滑板屈腿。

技术要点如下(如图 4-1-3)。

(1)脚跟放在球上,身体保持髋部离开地面的姿势。

(2)用脚跟将球勾到身体下方,同时身体保持平直。

图 4-1-3 瑞士球屈腿

3. 进阶三:滑板屈腿

滑板屈腿与瑞士球版本几乎完全相同,唯一的区别是前者使用滑板、迷你滑板或者滑垫,动作是完全一样的。但是,滑板屈腿比瑞士球屈腿更难,因为瑞士球屈腿会形成一个下坡姿势。

第二节　膝主导的动作方案设计

一、自重深蹲

（一）基准

对于自重深蹲（图4-2-1），开始时双臂在身体前方伸出，双手与肩同高，应挺起胸腔，上背部和下背部略弓并紧张，双脚分开大约与肩同宽，略向外转约10~15°。如果柔韧性不足，可以采用宽站姿，以下蹲至适当的深度。如果运动员在下蹲过程中出现以下情况：身体前倾、脚跟离开地面、骨盆在下蹲时后倾，就可以在鞋跟下放一块约2.5×10厘米板、一块10磅（约5公斤）的杠铃片或一个特制的板子。

图4-2-1　自重深蹲

下降阶段如下。

（1）在下蹲之前，通过鼻子深深吸一口气。

（2）在下降进入深蹲时，集中精力向后坐，将重心放在脚跟上。对于初学者来说，脚趾应向上抬，顶住鞋子的顶部。如果将重心放在足中部或脚趾上，会让身体前倾，这样不好。做动作时不要呼气，双手保持与肩同高。

（3）缓慢下降直到大腿上面，与地面平行。

（4）在下降过程中，膝盖应保持在脚趾上方。膝盖不要内扣。允许膝盖向外展。

上升阶段如下。

（1）专注于挺胸向上，把髋关节向上向前带。

（2）脚跟蹬住地面。

（3）呼气时嘬起嘴唇，有力地吹气，好像吹蜡烛那样。

（二）退阶

1. 退阶一：高脚杯式深蹲

对于任何一个不够完美的深蹲，第一个纠正措施总是脚跟垫板，第二个纠正措施是增加一个哑铃，摆成高脚杯姿势。

在体能大师丹·约翰（Dan John）所推广的高脚杯姿势中，双手拿着哑铃的一端（图4-2-2）。约翰将它比喻为拿着一大杯饮料或一碗汤。动作的关键是，哑铃的上端要接触到胸骨和锁骨，而下端则保持与下胸骨或剑突接触。

图 4-2-2　高脚杯式深蹲

高脚杯形式的负重效果是非常神奇的，以高脚杯姿势拿着哑铃可以纠正深蹲的姿势。

高脚杯的方式就像反射一样，能激活核心和上半身的稳定肌，结果就是技术的显著提升。高脚杯式深蹲的关键是在整个动作的过程中都保持两个接触点，如果哑铃下部失去与身体的接触，这表明身体出现了前倾，那么就必须要纠正。通常哑铃才能与身体有更好的接触，不要用壶铃。

2. 退阶二：壶铃相扑式硬拉

如果没有壶铃，运动员只需将哑铃倒过来，放在地板上，并抓住上端就可以了。壶铃相扑式硬拉的好处是简单易操作。

采用下蹲的姿势，臀部一直向后坐，直到哑铃的一端或壶柄在可触及的范围内，背阔肌和下斜方肌发力，把它提起来（图4-2-3）。有些举重运动员会使用更偏向于硬拉的模式（较多髋关节运动，较少膝关节运动），这没有问题。

图 4-2-3　壶铃相扑式硬拉

根据经验，这个练习一直是一个关键的退阶练习。在运动员能够顺利拿起最重的哑铃之前，一直采用壶铃或哑铃相扑式硬拉作为我们主要的下肢练习。

值得注意的是，最后几乎总要从壶铃转向哑铃，因为最重的壶铃为46公斤，而最重的哑铃是120磅。

3. 退阶三

给深蹲模式减轻负重：

如果高脚杯式深蹲未能正确纠正动作技术，可以有另一种选择，就是给深蹲模式减轻负重。有些受伤的运动员可能就是因为力量太弱，所以无法正确完成深蹲模式。减轻负重可以实现低于自身体重的练习，并且不需要腿部推蹬机等机器的帮助。减轻负重可使用任何悬吊装置（如，吊环、TRX）或下拉器械来实现。通过使用较少的上肢辅助（吊环或TRX），或通过减小下拉机器上的重量来逐步增加负重。下拉器械，可以量化辅助的减少量。

在一定程度上掌握了正确的动作后，就是增加负重的时候了。有许多负重工具，包括但不限于杠铃、壶铃、哑铃、石头和砖块，但要记住：首先要掌握正确的动作。

（三）进阶

1. 进阶一

高脚杯式深蹲：

不难理解，能够把不好的深蹲变成好深蹲的技巧，同样可以使好的深蹲变得更好。不管是技术完美的人还是技术较差的人，第一个负重选项都是相同的——在高脚杯姿势中增加一个哑铃。这是我们负重深蹲直到运动员不能保持两点接触的唯一方法。男性青少年在高脚杯姿势中使用120磅（约55公斤）的哑铃并不少见。女性青少年可以轻松地达到70—80磅（30—35公斤）的范围。

2. 进阶二

双脚垫高的哑铃硬拉：

一旦运动员可以使用120磅（约55公斤）进行练习，就让他双脚踩在约15厘米高的箱子上，用来增加活动范围。这个进阶过程需要3—4周。一般来说，在增加了动作范围后，哑铃重量会减少大约20磅（约10公斤），即120×5变为100×5。

3. 进阶三

菱形架或六边形架硬拉：

菱形架或六边形架硬拉、壶铃硬拉和高脚杯式深蹲是我们的三大双侧练习。其中壶铃硬拉和高脚杯式深蹲可以作为初学者的基本练习，菱形架硬拉可以作为主要的双侧力量练习。

菱形架是一个伟大的发明，它使硬拉动作（重物在手中）和类似深蹲的模式（膝和髋的深度运动）组合在了一起。实际上，因为身体从菱形架中穿过，所以杠铃杆拉离地面后必须从膝关节前移动的问题就被消除了。这消除了前后剪切力的影响，一些举重选手可能因剪切力而难以完成硬拉。

菱形架也可以用在更偏向于常规的硬拉模式（髋关节大幅屈曲，加上有限的膝关节弯曲）或伸展腰椎。

正如髋关节和脊椎是有联系的，腰椎和肩关节同样如此。遇到有腰痛的运动员，不要只是看髋关节的活动能力，还要看看肩关节的活动能力和他所选择的练习。这就是为什么与深蹲相比，在硬拉中较少出现腰痛问题的原因。这个练习对于肩部外旋能力不足的人来说，能消除被迫的外旋，可以让背部痛症明显减少。

菱形架硬拉就是深蹲和硬拉之间的交叉。在任何情况下，它指导起来都会比较简单。并且因为菱形架的独特设计会比常规的硬拉更加安全。钻石形状的菱形架可以让运动员站在里面，只需要提着负重站起来就可以了。它不同于传统硬拉，可以避免背部压力过大，因为运动员可以向后坐而不会向前倾。菱形架不需要像杠铃杆那样，始终需要离小腿很近，从而消除了传统硬拉的许多潜在危害。

二、单腿力量训练

在过去十年来，单腿力量的发展过程已有了显著的进展。十年前，极少会看见运动员进行单腿功能性练习。事实上，很多教练曾嘲笑过像弓箭步和多种单腿下蹲这样的单腿练习。就算运动员真的去做单腿练习，通常也是基于器械的单侧练习，比如单侧腿推或单侧腿屈伸练习。现在，有些教练已完全抛弃了传统的双腿练习，并倾向于严格执行单腿训练方案，对有腰背问题的运动员和对力量训练存疑的运动员尤其如此。很多运动员如果以前并没有着重进行过大重量的力量训练，会对颈后深蹲和高翻等练习持保守态度，但对单腿力量训练和快速伸缩复合训练的想法却很开放。单腿训练让那些有可能完全不愿意力量训练的运动员积极地锻炼下肢。

虽然传统的力量方案一直忽略单腿训练，但其实单腿力量对于速度和平衡的改善及预防损伤都极其重要。单腿力量是功能性下肢力量训练的精髓，我们有理由认为，对于大多数运动项目而言，所有的双腿练习都是非功能性的。

虽然将双侧深蹲和硬拉都视为非功能性练习可能会有点极端，但这种说法却指出任何力量训练方案都需要单腿练习。不幸的是，许多力量训练方案仍然只专注传统的双腿练习，比如深蹲和硬拉，更糟的是，仍然只专注那些完全非功能性的腿部练习，如器械蹬腿、腿部伸展和屈腿练习。

单腿力量非常特殊，它不能通过双腿练习来培养。在单腿站姿与双腿站姿中，骨盆稳定肌的动作是不同的。单腿练习迫使臀中肌（在臀部里面的肌肉）、内收肌和腰方肌（下背部的肌肉）作为非常关键的稳定肌工作，而这是体育运动的技术关键。在传统的双腿练习中，这些肌肉（臀中肌、内收肌、腰方肌）并不会扮演其作为稳定肌的角色。此外，目前单腿力量被公认是减少损伤的关键，并且已成为所有康复、体能重建和膝伤预防训练方案的主要内容。

大多数单腿练习在开始时都可以使用一个简单的自重进阶。意思是运动员在最初的三周内只使用自身体重（无外部重物），但每周增加重复次数，从 8 次增至 10 次，再增至 12 次。这是一个简单的渐进式阻力概念。水平更高的运动员可能希望在开始时就使用外部负荷（杠铃、哑铃或负重背心），但如果没有过单腿训练的经验，一般不鼓励这样做。随着运动员水平的不断提高，可以在训练方案中任意添加单腿练习，前提是重复次数不要少于 5 次。

（一）基准

分腿蹲。分腿蹲（图 4-2-4）可能是发展单腿力量的最佳练习。分腿蹲既容易执行，又简单易学，所以它在单腿进阶练习中总是第 1 步。

在进行分腿蹲时，采用分腿站姿，双脚与肩同宽，前后分开 3~4 英尺（1~1.2 米）。这个站立姿势与地面有两个可靠、稳定的接触点。进行自重分腿蹲时，双手可以交叉放在脑后，或将双手卡在腰部。从该位置，后膝下降碰到地板（或瑜伽垫）上，同时保持重心在前脚的脚后跟上，重心不要大幅向前移动到脚掌。膝盖可以向前移动到脚尖上方，但前提是重心要保持在前脚的脚后跟上。

技术要点如下。

（1）集中精神让后腿膝盖下降到地板上，重心放在前脚的脚跟上。

（2）保持抬头挺胸。双手放在头后的姿势最适合初学者。

（3）把后脚当作一个平衡点。不要使用后腿来发力。

（4）如果运动员感觉有困难，要想着自下而上。

（5）后腿的膝关节应稍微弯曲。如果姿势正确，运动员可以感觉到屈髋肌的轻微拉伸。

图 4-2-4 分腿蹲

所有这些单腿练习的初始负重最好都采用高脚杯式姿势。采用高脚杯式姿势负重，直到运动员难以让哑铃到位为止（保持两个接触点），然后转换为使用两个哑铃的双侧负重姿势。

（二）退阶

1. 退阶一：部分单腿深蹲

单腿深蹲是极少数可在小于所描述的活动范围内练习的动作之一。虽然一般都要避免只做局部活动范围的练习，但从髋关节和骨盆的稳定角度来看，该练习的价值如此之大，非常值得那些深蹲无法达到要求（直至达到平行）的运动员去练习。它可以被称为渐进性活动范围训练。不用渐进性的阻力，这个练习的阻力可以通过（体重加上每只手拿5磅哑铃）保持恒定，但运动员要努力去达到教练要求的动作范围，我们一般通过堆叠瑜伽垫来增加或减少下蹲深度。

2. 退阶二：单腿硬拉

这个练习也可以称为滑冰者单腿深蹲。用这个词是因为该练习被描述为跳箱单腿深蹲的冰球专项版本。不需要保持躯干直立并把自由腿伸向前方，而是用躯干去触碰大腿，并且让自由腿的膝弯曲向后。这种向前屈的姿势模拟了滑冰者的出发姿势。然而，随着对深蹲和硬拉的思维过程发生变化，我们意识到，该练习有很深的髋部运动，所以应被归类为硬拉。实际上，如果从侧面观察，关节角度几乎与菱形架硬拉完全相同。

对于那些因腰背问题而不能训练硬拉的人来说，单腿硬拉是一个很好的替代练习。它并不是单腿直腿硬拉，尽管这两个练习中髋关节和膝关节的运动方式有共同之处。这是第三个使用负重会让动作变得更好的练习。就像单腿深蹲那样，开始时双手各持一个5磅（约2.5公斤）的哑铃。

遵循8—10—12次的自重练习进阶，然后用哑铃和负重背心的组合来增加重量。

（三）进阶

1. 进阶一：后脚抬高分腿蹲

后脚抬高分腿蹲一直作为我们训练方案中的主要下肢力量练习。传统分腿蹲至少练习6周，随后就转换到后脚抬高分腿蹲。

练习后脚抬高分腿蹲时（图4-2-5），起始动作与分腿蹲类似，但后脚要放在波速球或专门设计的圆台上，脚面一定要向下。不要让运动员只把脚尖放在波速球上。如果运动员在做后脚抬高分腿蹲中试图用脚趾来平衡身体，他们将不能够承受较重的负重。

图 4-2-5 后脚抬高分腿蹲

这个姿势有一个稳定的支撑点在地面，但还有一个稍微不太稳定的点在长凳或圆台上。与分腿蹲相比，这个练习的难度有相当明显的提高，因为后腿现在提供的稳定性和辅助都较少。从这个姿势开始下降，直到前侧大腿平行于地面、后腿的膝盖几乎接触地面为止。与分腿蹲练习一样，双脚并没有移动，并且也可以改善屈髋肌的动态柔韧性。

该练习可以从自重练习开始，遵循前面描述的 8—10—12 自重进阶过程，但最好是配合哑铃或壶铃来进行力量训练。开始时以高脚杯姿势使用哑铃负重。只要运动员可以将哑铃移动到位（两个接触点），就可以继续使用高脚杯式负重。男青少年已经使用超过 100 磅（约 45 公斤）的负重，而女青少年在更换负重模式之前通常使用 50~60 磅（23~27 公斤）。一旦运动员不能再使用高脚杯式负重，从握法和平衡的角度来看，壶铃都是非常合适的替代品。我们将减少至每条腿每组做 5 次（例如，3 组，每条腿每组 5 次），运动员将很快到达使用现有最重的哑铃或壶铃的阶段。根据需要，可以使用负重背心来增加额外的负荷。在后脚抬高分腿蹲中的负重需要比前面练习的分腿蹲负重轻 30~40 磅（13~18 公斤）。这意味着，练习难度的进阶导致了负重的退阶。

为了更加清晰地了解负重的情况，这里有一些数据以供参考，有些女运动员可以使用一对 36 公斤重的壶铃完成 10 次，而男运动员可以每只手使用 55 公斤的哑铃完成 10 次。

2. 进阶二：单腿深蹲

单腿深蹲（图 4-2-6）是单腿练习之王。它可能是最困难的，但也可能是最有用的。单腿深蹲要求只用一条腿，不像在分腿蹲的各种变体中，后脚还能提供一些支撑，在进行单腿深蹲练习中，由于没有了对侧腿接触地面或波速球的帮助，盆骨肌肉须作为稳定肌。这一点非常重要，因为在所有冲刺动作中，都需要骨盆或髋关节的稳定性。在冲刺过程中，支撑腿必须在没有摆动腿的任何辅助下产生力量。

有些运动员一开始做不了这个练习也不必灰心。大多数运动员在最初几次都会感到不稳或笨拙，可能需要几次训练才可以适应。单腿深蹲的一个主要好处是可以培养平衡能力。

在这里应该注意一点的是，不应混淆单腿深蹲与手枪式深蹲。我们有很多理由不做也不赞成做手枪式深蹲。虽然这两个练习看起来很相似，但它们是不可互换的。与手枪式深蹲相比，单腿深蹲给屈髋肌的压力明显更小，因此对下背部的压力也就更小。选择在箱子上练习，而不是在地板上练习，可以让自由腿放得更低。由于过度使用屈髋肌来保持自由腿伸展且平行于地面，手枪式深蹲常常会引起腰背痛。另外，单腿深蹲只需做到大腿平行地面，不要尝试蹲至低于水平线。低于水平线的深蹲经常会导致腰椎呈弧形，并且可能会让内侧半月板的后部被挤压到关节线里。记住，在膝关节屈曲时，关节中的半月板会向前移动，在深蹲低至水平线后，半月板的后部（后角）可能会受到挤压。

技术要点如下。

（1）站在跳箱或波速球上，双手拿着一对 5 磅（约 2.5 公斤）的哑铃。这是负重能使得力量训练更容易的第二种情况。单腿深蹲时负重所带来的平衡力使它比没有任何负重时完成起来更容易。试着下蹲到大腿平行于地面的位置，使用哑铃可能看起来不太适合，但平衡力作用肯定会让这个动作更容易学习。

（2）在开始下蹲进入深蹲姿势时，将哑铃提至与肩水平的位置以帮助重心后移到脚后跟上。

（3）专注于将重心保持在脚跟，以减少脚踝的移动，并且在下蹲到最低位置时避免膝关节超过脚尖。在脚后跟下面垫上一块板子或一个特制的坡形楔子会非常有帮助。

（4）下蹲从膝关节屈曲开始，而不是从脚踝开始，这一点非常重要。教练要仔细观察这点。

图 4-2-6 在波速球上的单腿深蹲

大多数运动员应该从双手各 5 磅哑铃，完成 3 组，每组 5 次开始。通过增加重复次数或通过增加哑铃的重量来进阶，具体取决于训练周期的阶段（例如，力量阶段或积累阶段）。像后脚抬高分腿蹲那样，每条腿的练习不要少于 5 次。

3. 进阶三

（1）弓箭步

弓箭步（图 4-2-7）是另一个非常好的单腿练习。许多人错误地认为这是深蹲的一个更容易的替代动作。其实，弓箭步会使身体产生很大的酸痛感，并且不容易简单归类。弓箭步的主要优势也是它成为高级练习的原因，就是在身体向前移动时，下肢肌肉必须要努力减速。弓箭步是一个高级进阶，因为身体必须为减速部分进行适当的准备。此外，弓箭步能为髋部区域提供非常好的动态拉伸，仅仅是这个原因，就可以把它包含在常规力量训练和热身当中。腹股沟或屈髋肌有问题的运动员会发现弓箭步是一个非常有益的练习。

技术要点如下。

①背部应保持紧张并略弓，上半身应保持直立。

②该动作开始时，双脚并拢站立。

③迈步的距离应该只是略短于运动员的身高。迈步应该足够长，才能微微拉伸后腿的屈髋肌。

④该动作过程是先前跨一步,再向后"蹬地"回到原位,结束时双脚并拢。每条腿可进行多达 10 次的练习,以锻炼耐力。弓箭步可以与其他练习组合,成为腿部循环练习中的内容。

图 4-2-7　弓箭步

（2）滑板弓箭步

滑板弓箭步是一个极好的单腿练习,结合了单腿力量、动态柔韧性以及适度的不稳定性。该运动对训练和康复都起到非常好的作用。为了避免独占滑板,这个练习可以在 4 英尺（约 1.2 米）长的滑板顶部材料上进行,不必使用滑板本身或者滑垫来完成。后脚穿上滑板套并向后滑,做后弓箭步动作。后脚向后再向前滑动,同时前脚进行单腿深蹲。

双手放在头后,并保持前腿膝盖在足中部的正上方。这是一个非常有趣的练习,它看起来像一个分腿蹲,但拉的动作可能使它与单腿直腿硬拉等练习一同被划分为后链类型。如果只能做一种下肢训练,一个看起来像膝关节主导,而实际上是由髋关节主导的练习就是一个很好的选择。滑板弓箭步的一个缺点是,使用较大的重物的效果不是那么好。当用作力量练习时,该练习的效果似乎会受影响,所以最好在增肌和解剖适应的早期阶段中进行练习。

对该练习使用自重进阶过程,因为它包含额外的牵拉和不稳定性因素。

（3）侧步蹲

侧步自重深蹲既可以作为热身练习,也可以作为力量练习。这是一个非常好的练习，可以促进内收肌的动态柔韧性，并增强需在额状面内移动的运动员（如棒球运动员或冰球运动员）的力量。双脚开立，分开大约4英尺（约1.2米），并坐向一侧（图4-2-8）。重心保持在蹲下那一侧的脚跟上，并保持膝盖在脚尖正上方。在该练习中，站位越宽越好。身高超过173厘米的运动员若双脚分开不到4英尺，将难以完成该练习。

侧步蹲可使用自重进阶方式。

图 4-2-8　侧步蹲

4. 进阶四：侧向弓前步

侧向弓箭步是在额状面中完成的减速型练习。换句话说就是身体从一侧移动到另一侧。学习了侧步蹲的运动员将无缝地进阶到侧向弓箭步。侧向弓箭步和侧步蹲都既能被用作动态热身，又能被当作力量练习。

第三节　肩主导的动作方案设计

大多数力量训练方案很少强调引体向上和划船等拉力动作。尽管最近50年来，很多文章中都表达有这样的观点，即在训练上背部时，其关键就在于反握、正握引体向上。然而，还是有很多运动员会将其忽视。原因很简单：正握引体向上和反握引体向上太难了。因而，这些运动员将正握、反握引体向上替换成"高位下拉",想要借此对上背部肌肉进行锻炼,并觉得这样就可以了,其实这是非常错误的观点。此外,很多运动员还不重视划船动作,在训练时对其忽略。在这种情况下所制订的力量训练方案将是不均衡的,很有可能导致运动员身体前群肌肉过度发展,继而出现姿势问题,甚至损伤肩部。

一个好的上肢训练方案的基本目标,是均衡地提高上半身所有的重要动作模式。遗憾的是,很少有运动员着重背部肌群的训练。他们宁愿训练胸肌,这种选择反映出他们(或者他们的教练)受到了肌肉杂志的较多影响。

具体来说,如果想要设计出更为良好的上肢训练方案,我们就要在方案中加入适当比例的卧推练习、水平拉(划船)、垂直拉(引体向上)肩部推举。再具体一点,就是我们要给每一组推力练习都搭配上相对应的拉力练习。然而遗憾的是,现如今,绝大多数的力量训练方案都难以做到这点。那些传统的力量训练方案中仅仅包括数量众多的推举训练,拉力训练少得可怜。

这种对推或举的过分强调可能会带来姿势问题,因为胸肌过度发达而肩胛骨回缩肌太薄弱。更重要的是,一个训练方案如果没有包含等量的推和拉的训练,就很容易会导致运动员出现肩部过劳性损伤,特别是出现肩部旋转肌肉群的问题。

在优先练习卧推的运动员中,肩部旋转肌群问题的发生率是非常高的。其主要原因并不是卧推本身,而是因为缺少同等数量的拉力训练。

训练方案设计的一个重要原则是对同一类型的运动使用多种变化形式。垂直和水平方向的特定拉力动作应该每3周改变一次,或者每3周改变一次重复次数。有时二者可能同时改变。

一、垂直方向拉的动作

(一)退阶

下拉变形。我们可以把悬垂划船当作大负荷水平拉力练习,背阔肌下拉是小负荷垂直拉力练习。我们将这些统称为下拉,因为下拉练习训练的远不只是背阔肌。要说肌肉的话,还包括背阔肌、下斜方肌、中斜方肌、菱形肌和前锯肌等。另外,不要把它们叫作"横向下拉"。

有些人就是做不好反握和正握引体向上这种垂直拉力练习。此外,肩膀有伤病的人也很难完成自重垂直拉练习(如正握引体向上),但通常在进行负重水平拉力练习时一点问题都没有。实际上,用TRX或吊环进行悬吊划船练习比正握引体向上的可操作性更强。我们可以使用弹力带,可以做等长收缩练习,可以做离心收缩练习，但并不是每个人都能把这些动作做好。对于某些人来说，下拉也许会是一个令人满意的选择。

有些人在反握和正握引体向上这样的垂直拉力练习中过度使用上斜方肌和肱二头肌，而在悬吊划船中几乎没有看到这种问题。TRX 和吊环划船是可操作性很强的练习，可以很容易地进阶或退阶，正握或反握引体向上都很难实现这一点。

做下拉练习时把双手固定在横杠上是因为这是当前发展的选择。多年来，下拉杠或 V 形把手或选用的其他工具，决定了肩部在下拉练习中所展示出来的功能。一些公司突然研发出他们称之为"功能性训练机"的器材，它们有两只独立的手臂和两个独立的把手，由此，一套全新的"肩部友好型"练习诞生了。现在可以主动选择手的最佳位置，并且我们可以在同一时间分别使用两只手臂。用功能性训练机进行肩部拉力训练就像使用单个哑铃那样自由。

肩部损伤的主要原因之一就是肩峰下肩袖肌群的肌腱不断被摩擦，摩擦导致肩袖肌群的肌腱受到磨损，就像是在岩石上来回拉绳子一样。如果使用固定的横杠进行拉力练习，那么每次都会摩擦肩峰下肌腱的相同部位。

抓住功能性训练机的把手。开始时拇指向下（肩内旋）；完成时拇指向上（肩外旋）。如果从拇指向下的姿势变到拇指向上的姿势，就必须在下拉中增加外旋的动作，让肩膀以"关节友好型"的螺旋式对角线模式活动，并且加入了一点肩袖肌群的扭转。

（二）进阶

1. 进阶一

（1）反握引体向上

反握引体向上（图 4-3-1）是最简单的自重垂直拉动作，因为旋后的握法（手掌朝向身体）可以得到更多肱二头肌的辅助，握宽为 30~36 厘米。所有垂直拉动作的基本技巧都是要完全伸展肘部，并允许肩胛骨略微升高。

在前 8 周里，不要考虑动作的多样性。初学者并不像高级训练者那么需要多样性。

在力量训练方案中，引体向上及其变形动作最好是循环进行，这与其他几个主要的训练是一致的（如悬垂高翻、弓步蹲、卧推）。反握引体向上先做 3 组，每组 8~10 次；然后做 3~5 组，每组 5 次；最后做 3~5 组，每组 3 次。

虽然有器械可以辅助反握引体向上和正握引体向上，但可以用更少的钱去建立一个更简单的系统。只需将结实的阻力带绕在做引体向上的单杠上。

运动员将一侧膝套进阻力带中，然后握住杆，下降到起始位置。阻力带的弹性有助于上升。运动员可以逐步从重阻力带过渡到轻阻力带，然后到无辅助的自重练习。体形较大或力量较弱的运动员也可以将脚踩到阻力带里，以更好地感受弹力。如果将阻力带套在卧推架的J形挂钩上，运动员也可以站在阻力带上。

图 4-3-1　反握引体向上

（2）相对握法引体向上

这是类似反握引体向上的一个非常好的上肢拉力练习，因双手采用中立姿势，使动作的目标肌群变为前臂屈肌和肘屈肌（肱肌和肱桡肌）。相对握法引体向上可以在有V形把手或平行把手的引体向上单杠上完成。其完成方式与反握引体向上相同，只是手的位置不同而已。相对握法引体向上的难度与反握引体向上相近，因为前臂屈肌的参与更多了。肩部或腕部存在问题的运动员可能会觉得相对握法引体向上比反握和正握引体向上更舒服。

（3）X下拉

之所以使用"X下拉"这个术语，因为开始时手臂是交叉的（图4-3-2）。抓住功能性训练机的独立把手，先内收并压下肩胛骨，伸展双肩，并加入一些外旋。这给一个原本是矢状面的练习增加了额状面和水平面的成分。

图 4-3-2　X 下拉

如果没有功能性训练机，但也想获得它的益处，只需每次在拉力器械上用单臂来练习。另外，如果在下拉机器上使用的重量大于自己的体重，说明可能是时候练习反握引体向上了。

要想加入肩胛稳定性练习，则一只手保持下拉的姿势，这可以让下斜方肌和菱形肌得到更多的锻炼，让另一侧做回缩、下压、伸展、水平内收和外旋的动作，这个动作非常有效。X 下拉结合了肩胛稳定与垂直拉力练习。

如果想要多一点变化，可以尝试双臂不交叉做交替下拉。

2. 进阶二：正握引体向上

正握引体向上是比反握引体向上或相对握法引体向上更难的练习。在正握引体向上中，双手旋前（掌心向前），上臂肌群参与较少，相应地使得背部肌群的压力更大，显著增加了难度。正握引体向上应该是上肢训练方案的第 3 个练习，也就是要在反握和平行握法引体向上进行至少 3 周之后再引入。正握引体向上也是对肩部最不友好的一种练习形式，因为肩关节需要外展并外旋，因此存在肩关节问题的运动员应该避免进行这种练习。

3. 进阶三：胸式引体向上

即使是高水平运动员也会觉得胸式引体向上很难。在做胸式引体向上时，要将胸骨向上拉到单杠位置，而不仅仅是将下巴拉到单杠上方，这需要更大程度地使用肩胛回缩肌群，并增加 8~10 厘米的活动范围。

二、水平方向拉的动作

水平方向拉的动作，或者说划船动作非常重要，必须包含在上肢训练方案中，并且应作为首选。把划船作为首选练习是因为它们才是卧推真正的拮抗动作。虽然反握引体向上及其变形动作也很重要，但划船动作的目标肌群和运动模式直接与卧推训练的肌群和运动模式相反。尽管划船练习如此重要，但力量训练方案中往往会将其省略，或者练习意图不明确。

在功能性训练中，划船动作正在经历着巨大的变化。运动训练和物理治疗的最新进展表明，身体后侧是以对角线模式连接的，力从地面通过腿传递到髋，然后越过骶髂关节进入对侧的背阔肌（背部表层肌肉）和肩部区域。在这个交叉连接的系统中，关键点是臀中肌和腰方肌稳定了骨盆，髋部旋转肌群稳定了髋部。

（一）退阶

1. 退阶一：猫伸展式

哑铃划船失败的主要原因之一是无法保持背部微弓。猫伸展式（图 4-3-3）是一种瑜伽练习，旨在教运动员进行脊椎的屈曲和伸展。运动员开始时四肢着地，并隆起背部（像愤怒的猫），然后反转成大幅度的弓形。运动员在髋关节不动的情况下进行脊柱运动，可以强化划船动作的起始姿势。做一两组，每组重复两三次，往往就足以建立起意识了。

图 4-3-3　猫式伸展

2. 退阶二：跨长凳划船

划船动作的另一个常见问题是，平行站立时无法保持较宽的双膝间距。让运动员跨过长凳，可以强化膝盖向外的姿势。如果用右手划船，运动员平行于长凳站立，左手放在长凳上，左腿放在长凳外侧，膝盖内侧轻轻接触长凳（图4-3-4）。在这个姿势中，左膝无法内扣，身体可以保持更好的姿势。重复几次猫伸展式，并结合跨长凳姿势，往往就能纠正划船动作。

图 4-3-4　跨长凳划船

（二）进阶

1. 进阶一：哑铃划船

哑铃划船是最简单的划船动作，可以帮助初学者学会正确的背部训练姿势，同样，这个技术也可以转移到多种力量练习动作中。尽管是一个相对简单的动作，但哑铃划船可能是最难教的练习之一。

开始时采用双脚较宽的站姿，膝盖向外打开，身体前倾，并将一只手放在长凳上，以稳定躯干并减少对下背部的压力。背部微弓，腹肌保持紧张。首先专注于移动肩胛骨，然后是肘部，将哑铃带回到髋部。这个动作非常适合初学者，但不会锻炼到髋部旋转肌群，因为它采用的是双腿站姿。做3组，每组5到10次，具体数量取决于训练所处的阶段。

2. 进阶二：悬吊训练反向划船

悬吊训练反向划船可能是无须定期练习的最佳动作。反向划船非常简单，但又极具挑战性。它能增加躯干稳定性，并发展肩胛骨回缩肌和三角肌后束的力量。虽然反向划船的动作看起来很简单，但即使对于最强壮的运动员，它也会成为一项较难的练习，推力很强的运动员往往会惊讶地发现自己能完成的标准反向划船是那么的少。

TRX 和吊环等悬吊训练器材的出现，使得任何拥有力量训练架或壁挂架的训练机构都可以简单地进行反向划船练习。悬吊带的伸缩功能使我们可以轻松地调整任意力量水平运动员的练习。反向划船是个很低调的练习，由于器材设置的欠缺，反向划船并不是总能被放到训练方案中。我们不再建议使用单杠来进行该练习，只推荐使用 TRX 和吊环这两种形式。吊环或 TRX 除了可以方便地适应任何力量水平的运动员，悬吊训练器材还允许肩部从内旋过渡到外旋，即开始时采用拇指向下的姿势，而结束时则拇指向上，这样做对肩关节的健康好处巨大。

练习反向划船前，将悬吊训练器材的把手调整到大约腰部的高度。悬吊训练器材有着很强的可调节性，我们可以通过该器材将自己身体摆成任何我们希望的角度。其中，身体与地面平行是难度最大的一种。想要摆出这种姿势，我们需要在长凳上放置双脚，让悬吊架和长凳之间保持四分之三左右身体长度；当我们在长凳上放置双脚，将把手用双手握住时，应当保持身体躯干的笔直；让双脚并拢于一处，脚尖向上，以这样的姿势让前胸向把手靠近（图 4-3-5）。大多数运动员在重复几次之后，前胸就不能碰到把手了，这是因为肩胛回缩肌和三角肌后束的力量较弱。该练习锻炼的不仅仅是上背部，还包括整个躯干。为了增加躯干肌群的功能负载能力，高水平运动员可以穿上负重背心来进行该练习。

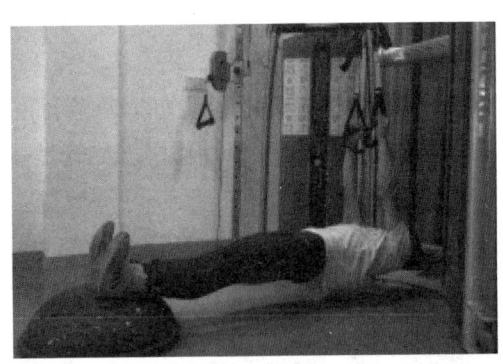

图 4-3-5 悬吊训练反向划船

每次做3组，每组8至10次。尝试每周减小一点角度（身体与地面的角度），直到双脚能够放在长凳上。

三、上肢推举练习

在运动员训练时会练习杠铃卧推、哑铃卧推以及其他多种形式的卧位推举练习，原则是均衡训练，不要过分重视一个相对不那么重要的推举的表现。在功能性训练中，卧位和过头的推举加起来每次不超过30分钟，每周不超过两次。任何在推举动作上多花的时间都会减少其他肌肉群的训练，并破坏方案的平衡。

如表4-3-1所示，提供了一套有助于设计训练方案和评估力量的一般性指南。该指南可以协助运动员更好地实现各种卧姿推举练习的平衡。我们可以通过增加相关的举重练习来增加卧推重量，但运动员通常非常关注一种举重练习，而这样做实际上是在阻碍他们的进步。以多种角度（倾斜、过头）和稳定性变化（通过使用哑铃）来尽量发展均衡的力量，不应该让某个角度或某个动作成为主导，所有的上肢哑铃训练都应根据这些条件来制定。初学者需要慢慢增加重量，以发展必要的平衡和稳定性，这样才能举起更重的重量。

表4-3-1　上肢推举练习中恰当的力量关系

卧推	上斜卧推	哑铃卧推	哑铃上斜卧推
300磅（约136公斤）最大重量	240磅（约109公斤）；80%的卧推最大重量）	95×5（卧推最大重量的64%/2就是哑铃重量）	77×5（80%的哑铃卧推最大重量）

（一）退阶

站姿拉力绳前推。站姿单臂拉力绳前推可以在任何可调节的拉力器械上进行，并且可能是最具功能性的前推方式。弹力带可以很好地实现双臂站姿版本。该练习也可以用单侧完成。站姿拉力绳前推的另一个好处是，核心在这个姿势下已经负重。

（二）进阶

1. 进阶一：双脚抬高俯卧撑

俯卧撑是上肢训练方案中最被低估的练习之一，它不需要任何器械的前推动作，并且有多种变化形式。对想提高力量体重比的体形较大的运动员来说，俯卧撑是一个非常好的练习。仅仅是这个原因就足以让俯卧撑成为美式橄榄球训练中的极佳练习方式。俯卧撑的另一个巨大优点是，它结合了上肢训练与核心训练。

许多体形较大的运动员或核心力量较弱的运动员都难以在俯卧撑中保持正确的身体姿势。此外，俯卧撑能以卧推无法实现的方式来锻炼肩胛区域。

双脚抬高俯卧撑（图 4-3-6）是增加难度的最简单方法。觉得俯卧撑很容易的运动员在不需要增加任何阻力的情况下可以将双脚抬高约 30~60 厘米从而增加难度。运动员可以从该练习进阶到波速球俯卧撑，或穿上负重背心，或在背后加杠铃片。

图 4-3-6 双脚抬高俯卧撑

2. 进阶二：波速球俯卧撑

波速球俯卧撑可以结合双脚抬高的形式或穿上负重背心来完成。它可以发展上肢和躯干的本体感受，并且双手处于在各项运动中更常用的姿势。

每次做 3 组，每组 5~10 次，具体方案取决于训练所处的阶段。在耐力训练阶段，俯卧撑进行的次数可以更多。

正确的俯卧撑进阶过程如图 4-3-7 所示。

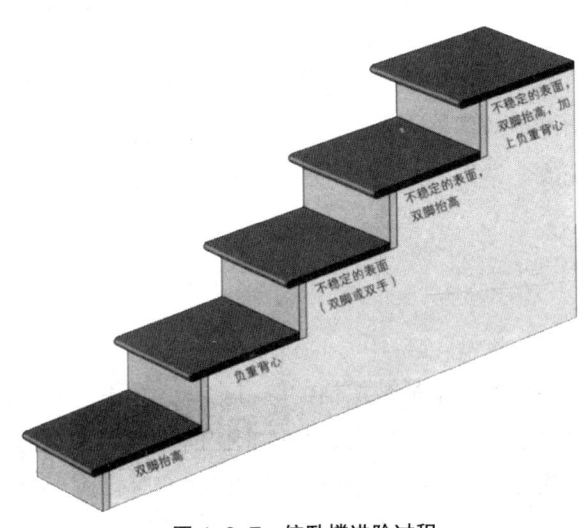

图 4-3-7 俯卧撑进阶过程

四、过头推举

直杠决定了杠铃的路径及练习者的肩部动作。就像最新的功能性训练机的独立手柄或悬吊训练器材的手柄一样,哑铃能让肩部更加自由,相对于使用直杠做过头推举,这是一大优点。过头推举练习将从单膝跪地的姿势开始,以稳定腰椎,并迫使练习者使用双肩。

过头举最常见的错误是后倾或腰部弓起,实际上这会把过头举变成了上斜推举。后倾让上胸肌变得活跃,这和做上斜推举一样,代价则是给腰椎造成了很大的压力。

(一)基础动作

单膝跪地交替壶铃推举。对于怎样开始练习过头推举,一般的选择是单膝跪地和使用壶铃。壶铃的偏移性质带来了肩部自然的外旋,这会锻炼到肩胛下肌(一块关键的肩部稳定肌)。通常那些过头推举不舒服的运动员会发现,交替壶铃推举的模式完全不会引发疼痛。

起始时壶铃与肩同高,拇指碰触到前三角肌,双肘与躯干大约成45°。一只手向上推壶铃,使肩关节内旋(拇指朝向面部)(图4-3-8)。在下降过程中逆向完成该动作,然后再换到另一侧。每次做3组,每组5~10次。

图4-3-8　单膝跪地交替壶铃推举

(二)退阶

壶铃倒置推举。假如我们在进行单膝跪地交替推举的时候，身体还是会感到不适甚至是疼痛，那么不妨选择试一试"壶铃倒置"模式。我们把壶铃倒置，握紧壶铃把手，依照先前练习方式进行推举。这样做不仅能够让肩部稳定肌群得到更好的锻炼，而且还可能实现过头举的无痛完成。

(三)进阶

1. 进阶一：高弓步交替推举

在高弓步练习中，练习者从单膝跪地改为站姿，一只脚放在30°~45°的倾斜的长凳上。关键是要向前脚方向倾斜，以真正稳定腰椎。这几乎是一个站姿版的单膝跪地，同样迫使练习者真正使用肩部上举，而不是完成一个伪上斜推举。

2. 进阶二：站姿交替哑铃推举

一旦运动员学会了肩部推举，并且不会通过弓背或向前移髋来进行上斜推举，他就可以转换到更标准的站立推举姿势。然而，应该继续使用哑铃，并交替练习。

五、肩胛胸廓和盂肱关节训练

最初看起来不具功能性的一些练习实际上可能很有用，并且能够改善某些特定关节的功能。肩胛胸廓（肩胛骨—肋骨）关节和盂肱（肩）关节是可能受益于孤立练习的两个区域。这些练习在改善它们的功能的同时，又可以改善整个肩关节区域的功能。

肩部训练的错误是，它一直被当作一个非此即彼的问题来处理。有些教练的工作前提是，要么相信功能性训练，要么不相信。这些教练将肩部肌肉训练视为多关节训练，并倾向于避免所有的孤立练习和肩袖肌群练习。一部分专家的想法是，任何孤立练习都是非功能性的，是浪费时间。但作者认为，针对髋和肩关节的一些孤立练习是可以有益处的。

最好的方式是将过头推举练习与肩部稳定性练习相结合，前者是为了发展力量，后者是为了预防损伤。这些肩部损伤预防性练习的目标是肩胛骨和盂肱关节的活动能力及稳定性。

肩胛胸廓关节的功能和肩袖肌群的力量对于减少损伤至关重要。加强肩袖肌群的力量而不加强肩胛骨稳定肌的力量，只相当于做了一半的工作。即使是强有力的肩袖肌群，也需要一个稳定的基础才能工作，而这个稳定的基础要由肩胛胸廓关节提供。

（1）站姿肩部循环练习

站姿肩部循环练习使用弹力带，从姿势位置和方便使用的角度来说，它把肩胛胸廓关节的训练带到一个全新的层次。字母 Y、T 和 W 用来描述肩胛骨在回缩或移动时的姿势；字母的形状表示双臂相对于身体的位置。

Y= 双臂在肩部上方，与肩膀成 45°，拇指朝上，以促进肩外旋。

T= 双臂与躯干成 90°，拇指朝上。这个姿势的关键是要回缩肩胛骨并保持肩部成 90°。许多运动员的肩胛骨回缩肌肉薄弱，因此他们会将双臂略微下拉到两侧，用背阔肌替代肩胛骨回缩肌来完成动作，这会产生一个内收动作，而不是回缩动作。我们应注意不要这样做，肩部角度永远不应该小于 90°，小于 90° 意味着背阔肌做了代偿。

W= 上臂与躯干成 45°，强调肩胛骨回缩。

这个思考过程很简单，可能许多物理治疗师和运动防护师都很熟悉，但关键在于运动员是否清楚动作该怎样完成。运动员必须通过移动肩胛胸廓关节来移动双臂，而不是相反。最初强调的是肩胛胸廓关节的运动而不是盂肱关节的运动。这种方法就把肩部练习变成了肩胛骨稳定性练习。

（2）运动弹力绳高低转换（Y-W 组合）

在高低转换练习中，运动员一只手臂移动至 W 角度，对侧手臂移至 Y 位置（图 4-3-9）。

首先在一侧重复 8 次，然后换到对侧，中间不休息。

图 4-3-9　运动弹力绳高低转换

（3）运动弹力绳 T 字练习

在完成 Y-W 组合练习后，练习 8 次 T 动作。双臂在 90° 位置上内收肩胛骨（图 4-3-10）。

一组重复次数每周增加 2 次，最多各种姿势下每组 12 次（共 36 次）。这时要考虑一个维持性的方案。

图 4-3-10　运动弹力绳 T 字练习

（4）站姿外旋

闭合锁紧姿势是练习肩部旋转肌群的最好方式。保持闭合锁紧姿势时，关节头对正于关节窝，因而关节面有着十分理想的匹配，能够让关节保持在最有效的工作位置。在练习肩袖肌群时，我们应当将手臂外展 90°，然后肘部指向斜 45°角再进行外展训练（图 4-3-11）。

图 4-3-11 站姿外旋

第四节 抗旋转的动作方案设计

　　抗旋转是核心训练的新趋势。当考虑抗旋转时，想着有一个力在试图使躯干旋转，而运动员的任务就是阻止旋转产生。这正是核心旋转肌群的实际任务。

　　抗旋转练习有两种类别。第一种是从所谓的"四点姿势"（双肘/手加双脚）到三点姿势（一般是单肘/手加双脚）的平板支撑进阶练习。抗旋转练习就是三点支撑版本的平板支撑。第二种抗旋转练习确切地说是对角线（斜向）模式练习，力来自不同的角度，核心肌肉必须通过其抗旋转功能来对抗这些力。这类练习包括下劈、上拉、外推和推拉等，这些都是稳定性练习。早期的旋转练习有很多问题，比如砍伐练习。早期的很多旋转类核心练习其实完全错误，它们只不过是斜向的屈髋模式训练。

一、抗旋转平板支撑进阶练习

如果我们移动腿或者移动手臂，那么就实现了正面平板支撑从抗伸展向抗旋转练习的转换。因此，我们将平板支撑进阶练习划分入抗旋转类。在此，需要特别注意的是，所有的平板支撑抗旋转进阶练习都是伸出或者移动手臂。但是用抬腿作为平板支撑的进阶练习，因为下肢的重量太大，使得这些练习很难安全地完成。

（一）伸手式平板支撑

伸手式平板支撑（图4-4-1）是从抗伸展的正面平板支撑过渡到抗旋转练习的最简单进阶版本。伸手式平板支撑其实很简单，只要求运动员把手伸向其前面的一个物体，一般使用锥桶，放在大约30厘米远的位置。运动员还是先用前臂和肘部来支撑。伸手式平板支撑的关键是要保持核心的稳定，运动员必须在伸出手时继续保持完美的平板支撑姿势。运动员从四点支撑过渡到三点支撑时，身体应该继续保持平板的样子。三点支撑姿势产生跨越核心的斜向阻力，核心必须发力与之对抗才能防止躯干移动。

图4-4-1 伸手式平板支撑

（二）时钟式平板支撑

时钟式平板支撑类似于伸手式平板支撑，但运动员要用手支撑，而不是用双肘支撑（图4-4-2），这并不是简单地向前伸手，运动员必须先把右手伸至12点钟的位置，然后再把左手伸到12点钟位置，接着右手伸到1点钟位置，左手再伸到 11 点钟位置。继续围绕这个想象中的钟面移动，双手在每一侧碰触地面 7 次。时钟式平板支撑可以用任何方式来完成，使用 12 点钟到 6 点钟位置为 1 组，或增加难度，从 12 点钟到 6 点钟，再到 12 点钟。同样，当有斜向的旋转力存在时，核心和肩胛的稳定性将得到训练。

图 4-4-2　时钟式平板支撑

（三）平板划船

在平板划船（图 4-4-3）中，运动员同样使用双臂伸直的姿势，但手中还要有一组哑铃，该动作从伸手改为划船。平板划船有许多名称和变化形式，但都应被视为抗旋转核心练习，而不是力量练习或花样表演。建议使用不会滚动的六角哑铃，千万不要使用壶铃，否则手腕受伤的风险将远远超过训练收获。

图 4-4-3　平板划船

二、抗侧向屈曲

前侧核心肌肉能发挥抗伸展作用，同样地，躯干外侧的肌肉能发挥稳定肌的作用。过去，侧弯这样的练习一直被用于训练核心的侧向屈曲能力，但现在了解到，所有核心肌肉的主要功能是阻止活动而不是产生活动。侧屈肌（主要是腹斜肌和腰方肌）实际上起到了阻止核心侧屈的作用。

（一）基础动作

平板侧撑。平板侧撑是正面平板支撑的侧向版本，是开始引入抗侧屈概念的最佳练习动作。

（1）先用肘部支撑，肩胛骨向下向后拉。先从15秒的静态保持开始，想象完成15秒的一次呼气，这将真正激活深层腹部肌肉（呼气10秒可能已经有些困难了）。

（2）完美的平板侧撑看起来像是一个人将要被当成炮弹发射出去，身体保持笔直。

（3）绷紧全身，收紧臀肌、股四头肌和深层腹肌。

（二）进阶

1. 进阶一：侧撑划船

平板侧撑进阶的一个简单的方法就是使用弹力带或拉力绳做划船动作，这给最初的额状面稳定训练增加了水平面上的阻力。这里的划船只是一个小动作，其作用就是增加练习者对平板侧撑的专注度。练习时不要计时，而是关注重复次数，按照8—10—12次来进阶。

2. 进阶二：提箱子行走

提箱子行走是用一只手提着一个哑铃或壶铃行走。这个练习的关键在于，它其实是动态负重版本的平板侧撑。这里的进阶可以是距离长一些、负重大一些，或两者的任意组合。

3. 进阶三：农夫行走

农夫行走是提箱子行走练习的进阶形式，但实际上它从核心练习转变成了髋关节练习。两只手提着相同的重量，减少了对抗侧屈的要求，更像是一种髋关节稳定肌的训练。在任何情况下，所有负重行走都属于核心训练。

三、下劈和上拉的模式及进阶

（一）直线单膝跪地稳定下劈

进阶开始时要单膝跪地，双脚成一条直线。这意味着前脚、后膝和后脚都在一条直线上。这种窄支撑迫使运动员学习正确的技巧，同时有意使用轻负载。我们使用小橡胶平衡木来创造一个直线环境，但5厘米×10厘米左右的木板也可以。平衡木和木板应距离器械0.6~0.9米，以提供恰当的对角线位置。

在一些体能训练中心，下劈和上拉练习均使用三头肌训练绳，采用拇指向上的握法。下劈动作是先拉向胸部，再下压到对侧。这个动作看起来像在身体前方交叉完成一个下拉再加上三头肌下压（图4-4-4）。要将这个动作分为两个不同的部分来指导：一个拉和一个推。还要注意，在对角线模式中视线要跟着手，看着双手能够很好地控制胸椎旋转。

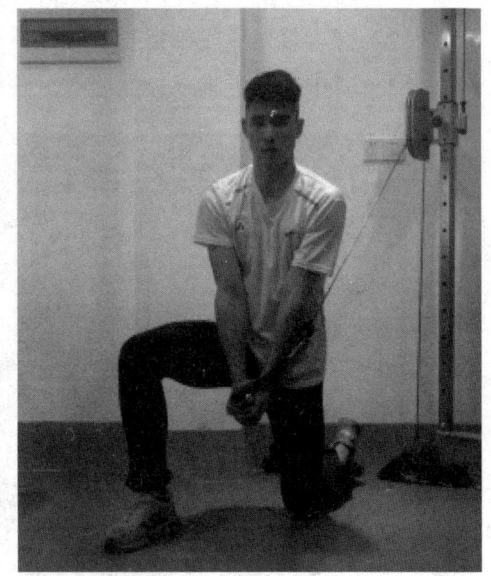

图4-4-4　直线单膝跪地稳定下劈

半跪下劈有两个关键点。一是将负载从高移低所必需的核心稳定性和平衡性。运动员在平衡木上必须保持矢状面的稳定性，同时控制力量在额状面内移动。第二，运动员必须在额状面和水平面都保持稳定。这里的关键动作是下方腿（外侧的腿）臀肌用力，以稳定髋部与核心。抗旋转的概念是基于抵抗旋转力，保持稳定，而不是产生旋转。在大多数日常活动中，腹肌的作用是提供静力支撑和限制躯干的旋转，大部分情况下背部问题是由于腹部肌肉没能很好地控制骨盆和脊柱在L5-S1节段之间的旋转。

半跪下劈要注意以下几点。

（1）内侧膝在上，外侧膝在下。

（2）前脚、后髋和后脚成一条直线。

（3）动作是下拉到胸部，然后下压。

（二）直线单膝跪地上拉

把上拉想成和下劈正好相反。上拉模式是从低到高的对角线，并且采用与下劈大致相同的进阶方式。这里采用与下劈相同的直线姿势，但在上拉模式中，外侧膝在上，内侧膝在下（图4-4-5）。动作则是拉至胸部，接着做一个在对角线方向上推的动作。使用和下劈时同样的三头肌训练绳来完成上拉。

直线单膝跪地上拉要注意以下几点。

（1）内侧膝在下，外侧膝在上。

（2）脚、髋和膝成一条直线。

（3）动作是拉至胸部，然后沿对角线上推。

图4-4-5 直线单膝跪地上拉

（三）弓步姿势下劈

这个动作是一个看似简单却有点难度的变化形式。后膝需要抬离地面或平衡木，并且运动员在下劈时必须稳定住这个静态弓步姿势（图4-4-6）。同样使用轻负载，进行可控的推拉动作。该练习依然是核心稳定性练习。

图 4-4-6　弓步姿势下劈

这些进阶练习从跪姿转变到分腿姿势（弓步），再到站立，并最终到单腿。简化练习的最佳方法就是限制所涉及的关节数量。采用跪姿时，可以很容易地将注意力集中在髋部与核心，因为该练习在很大程度上免除了对膝关节的关注。弓步姿势提供了比半跪姿更大的稳定性挑战，因为与地面接触的稳定点数量从三点（足、膝、足）减少为两点（足、足）。减少了膝关节这个稳定点，对核心的稳定性挑战又增加了。

弓步姿势下劈要注意以下几点。

（1）后膝离地面 1~2 英寸（2.5~5 厘米）。

（2）内侧膝在上，外侧膝在下，保持分腿蹲的姿势。

（3）上身动作保持不变，仍要进行可控的拉—推或拉—压。

（四）弓步上拉

该练习与直线版本基本相同，只是后腿膝盖要抬离地面或平衡木。其他方面都保持相同。

弓步上拉要注意以下几点。

（1）内侧膝在下，外侧膝在上，保持分腿蹲的姿势。

（2）上半身控制动作拉至胸部，然后下压。

（五）站姿下劈

站姿下劈（图 4-4-7）的练习非常不同。其要将拉—推动作成为一个连贯、流畅的爆发性运动。不同于前面的两个版本，双脚从分腿站姿变成平行的站姿。在这个阶段中，对角线模式不再是稳定性练习，它成为动态旋转爆发力练习。可以让运动员想象抓住一个物体，并使用与直线和弓步版本中同样的推—拉模式用力把它扔在地上。事实上，这里已经从抗旋转变成了爆发性主动旋转。

图 4-4-7　站立姿势下劈

（六）站姿上拉

站姿上拉（图 4-4-8）曾经被描述为对角推举。该动作是个爆发性交叉蹲起，结束时双臂在拉力器械的对侧伸展出去。双脚平行的站姿加上负荷的位置，自然就会做出旋转的动作。

图 4-4-8　站姿上拉

（七）站姿水平下劈

站姿水平下劈对于挥拍（杆）击打类项目的运动员是非常好的练习。像前面的两个练习那样，该练习仍然是采用平行站姿完成拉—推模式。抓住拉力绳，大拇指朝向拉力器械。非常重要的一点是，做这个练习的时候要有顺畅的感觉，并且不要用手腕去承受压力。

（八）踏步上拉

踏步上拉可能是最具功能性的对角线模式，因为它结合了单侧下肢练习与多平面的上肢动作。在上步上拉中，内侧脚放在约30厘米高的训练箱上，这次不再用蹲起的模式，而是使用从上步到站立的模式。所有上肢动作保持不变，现在将下肢模式变为单腿支撑的伸展姿势。该练习很好地衔接了臀肌、骨盆稳定肌和上半身肌肉。

第五节　抗伸屈的动作方案设计

发展核心前侧能力以阻止腰椎伸展（和伴随的骨盆前倾），这可能是核心训练中最关键的部分，并且应该成为核心训练的起点。骨盆前倾和下交叉综合征会让前侧核心肌肉无法控制脊椎的伸展和骨盆的前旋。在过去，人们经常推荐拉伸结合力量练习，但锻炼腹部力量以阻止腰椎伸展和伴随的骨盆前倾并没有得到广泛认识。现在，最新的理念告诉我们，要训练这些肌肉才能阻止腰椎伸展并稳定骨盆。

一、正面平板支撑基础动作

每一位运动员都应该学会如何保持完美的平板支撑30秒（图4-5-1），但同时超过30秒的长时间的平板支撑既没有必要又枯燥。

（1）开始时用肘部和前臂支撑。先从15秒的静态保持开始，想象完成15秒的一次呼气，这将真正激活深层腹部肌肉（呼气10秒可能已经有些困难了）。

（2）完美的平板支撑看起来就像是一个人在站着，它不是一个俯卧蜷缩等长收缩训练，骨盆应当是在中立、正常的位置。换句话说，不要大力收缩腹直肌而使骨盆后倾。

（3）收紧全身。用前臂下压地面，收紧臀肌、股四头肌和深层腹肌。

图 4-5-1　正面平板支撑

二、躯干抬高的正面平板支撑

如果运动员不能保持良好的正面平板支撑姿势，可以运用物理知识倾斜身体来减少相对重量。试着用肘部和前臂支撑在一张标准的训练板凳上来练习平板支撑。

三、俯卧推球基础动作

俯卧推球（图 4-5-2）实际上只是短杠杆（跪姿）平板支撑，通过滚球来加长和缩短力臂。将瑞士球想象为一个大的健腹轮。运动员的力量越弱，开始时使用的球就应该越大。瑞士球的规格以厘米为单位，65 和 75 厘米的球适合初学者。每个人都应从俯卧推球和平板支撑开始进行抗伸展能力的进阶练习，这非常关键。即便拥有强大腹肌（或认为自己是这样）的运动员也应该在前三周里每周进行两次俯卧推球。从健腹轮开始练可能会增加拉伤腹肌或背部受伤的风险。

（1）开始时采用双膝跪地的姿势，收紧臀肌和腹肌，双手放在球上。

（2）在向前滚球时呼气，球从双手下移动到手肘下的位置。保持双膝跪地的姿势，从头到膝都要收紧。

（3）收紧臀肌，这样可以保持髋关节的伸展，并通过呼气来收紧核心，保持脊柱稳定。关键是，核心（从髋到头的脊柱）不要变成伸展姿势。

图 4-5-2 俯卧推球

四、身体拉锯

身体拉锯（图 4-5-3）和俯卧推球有些相似，因为它是平板支撑配合力臂的拉长和缩短。在身体拉锯中，运动员以平板支撑的姿势开始，双脚放在一块滑板上，或放在两个滑垫上，双脚不要向下压滑板，而要像拉锯那样，肩部前后来回移动。肩部屈曲时，力臂被拉长，前侧核心压力增大。

图 4-5-3 身体拉锯

（1）将身体拉锯练习视为动态平板支撑。身体应从头到脚跟都保持笔直。

（2）移动到感觉前侧核心压力增大就可以了。如果在背部有感觉，说明活动的范围过大。

（3）增加活动范围的目的就是增加对核心稳定性的挑战。并不是看运动员的活动范围有多大，而是看需要移动多远才能给核心带来更大的挑战。

身体拉锯关注的不是时间，而是重复次数。此外，练习时应遵循8—10—12次的自重进阶过程。

五、万向盘推拉

万向盘有点贵，但它们却使从瑞士球到万向盘的过渡更加容易，运动员可以先用肘部完成短力臂版本的万向盘练习（图4-5-4）。

图4-5-4　万向盘推拉

六、健腹轮推拉

用健腹手推车来代替健腹轮也是可以的，用手抓住健腹手推车两侧的手柄就能延长力臂。健腹轮在高级练习中可以更好地斜向滚动，但对于第3阶段来说其实并不重要。关键是，这个器械使移动的距离达到了手臂的长度。健腹轮推拉（图4-5-5）是一种高级的核心练习，但要注意的是，以健腹轮作为第一个练习可能会拉伤腹部，所以一定要遵循进阶顺序。

图 4-5-5 健腹轮推拉

七、滑垫或滑板推拉

滑垫或滑板增加了摩擦，拉力不是靠轮子滚动而是靠自身体重创造，这使得练习更加困难，尤其是向心部分或返回部分，运动员必须将自己拉回去。

第五章 青少年功能性训练的专项动作方案设计

抓好青少年体能训练这一环节，是稳固我国体育强国地位的重要保障。本章立足当前我国青少年运动训练现状，分别从跑步运动、跳跃运动和投掷运动三大运动类型为青少年进行专项的功能性训练方案设计。

第一节 青少年跑步运动功能性动作训练方案设计

一、200 m 跑功能性动作训练方案设计

（一）短跑运动员体能训练研究

1. 关于短跑运动员力量素质训练的研究

对短跑运动员而言，在其身体素质训练中，对"力量素质"的训练是非常重要的一环。如果运动员所具有的力量素质较高，那么就能在短跑项目中更好地对阻力进行克服；如果运动员想要就短跑技术实现进一步的融会贯通，想要让自身的运动绩效不断提升，也需要夯实"力量素质"这一重要基础。因而，不难看出，短跑运动员自身力量素质水平的高低，某种程度上直接决定着其竞技水平的高低。

2. 关于短跑运动员速度素质训练的研究

在短跑项目的训练中，其核心为"速度训练"。短跑运动员想要提升自身成绩，首先要做的就是让自己跑得更快，也就是"提升速度"。短跑运动员进行速度训练，既能对自身肌肉耐力进行增强，也能对自身机体能量进行提升，从而保障体能的充分分配，使自身无论心理还是生理都能时刻保持良好状态，这样才能真正在短跑竞赛中发挥出自身的最好水平，真正跑出令自己满意、不留遗憾的成绩。

在针对短跑运动的速度训练中，首先要注重以下几方面：对突发信号刺激的反应能力、快速的移动能力、能够迅速完成动作等。

3. 关于短跑运动员耐力素质训练的研究

一般来说，针对短跑项目的耐力训练主要包括以下两方面。其一是速度耐力训练，其二是力量耐力训练。短跑有其自身的特点，它既具有周期性，也是一项强度很高的运动。在跑步时，短跑运动员可以让自己维持一个较高的跑步速度，也因此，短跑运动员必须具有较强的速度耐力水平。

在完成高强度锻炼时，短跑运动员的身体会时刻保持一种高度紧张的状态。此时，众多的骨骼肌冲动传入运动神经中枢，运动员会渐渐感到身体变得疲劳，导致在后半程比赛中自身速度出现降低问题。所以，想要实现运动员耐力素质的有效增强，就应当对其神经中枢的抗疲劳能力予以提升，这样，运动员就能在短跑比赛全过程中都保持良好的运动状态，保持较快的跑步频率，不会出现"后继乏力"的情况。

4. 关于短跑运动员柔韧素质训练的研究

早些时候，在田径项目的训练过程中，部分教练员迫切地希望能够通过训练让运动员取得更好的成绩，因而他们更加重视对速度的训练、对耐力的训练、对力量的训练，而忽视了锻炼运动员的柔韧素质。更有一些教练并不清楚对于短跑运动员来说，提升柔韧素质有多么重要。

在此，本节将短跑项目中柔韧素质的重要性予以简单总结。

（1）实现步长的进一步提高

在运动之前，我们须先做准备活动，预热全身，让肌肉黏滞性降低，同时也须对肌肉及韧带进行拉伸，这是因为运动幅度的大小受到肌肉和韧带弹性水平的制约。因而，从这点来看，运动员的步长同样受到柔韧素质的影响。

（2）对运动员损伤进行预防

在进行高强度锻炼或是参与高强度竞赛时，如果运动员的肌肉与韧带没有较好的韧性，缺乏延展性，那么就有可能出现肌肉拉伤、韧带撕裂等问题。

（3）有利于运动员肌肉疲劳的恢复

在训练时，当运动员出现肌肉损伤时，肌肉的长度就会缩短，处于僵硬状态。面对这种情况，我们可以对腿部肌肉有针对性地进行柔韧拉伸练习，使得肌肉能在更短时间内恢复为健康时的长度，同时，肌肉的疼痛感也能得到及时有效的缓解。

在柔韧训练中，最常见的是静力性和动力性两种训练法。其中，目前比较受到欢迎的是"静力性拉伸训练法"，特别是在"肌肉延展"方面，这种训练方法能够取得比较不错的训练成效。"静力性拉伸训练法"是慢慢延展肌肉、韧带、肌腱，让运动员感到一定的酸胀感、痛感和长度，继而静止不动，将该姿势维持10~30秒，并将上述练习重复做4~6组。而"动力性拉伸训练法"则有所不同，在训练过程中，需要运动员有着较快的速度和节奏感。当然，在使用"动力性拉伸训练法"进行训练时，运动员要注意，在训练开始阶段保持较小的延展幅度，而后再慢慢增加，避免用力过猛导致拉伤肌肉或是韧带。

5. 关于短跑运动员灵敏素质训练的研究

影响短跑运动员最终成绩的重要因素还有"灵敏素质"。如果一名运动员提高了自身的灵敏素质，实际上也就意味着他提高了自身的力量、速度、耐力以及柔韧性。

在对运动员进行灵敏素质的训练时，所注重的就是锻炼其神经的灵活性，以及锻炼其多种感觉感官的敏感性。此外我们也要注意，只有在短跑运动员十分熟练地掌握了正确的短跑技能后，其才能将自身的灵活性充分展现。当前，促进运动员灵敏素质提升的手段多种多样。例如，我们可以通过感觉信号（光、声等）对运动员感觉器官的灵敏性加以刺激，对其进行各种转体训练、改变方向的闪躲训练等，从而强化在面对多种因素或变化因素时运动员的反应灵敏性，提升其判断分析力。

（二）200 m 运动员项目特征

1. 200 m 项目供能特征

在 200 m 跑项目中，运动员身体内有着颇为复杂的供能过程。具体来说，运动员肌肉能力供应主要来自 ATP—CP 系统。ATP 被分解为 ADP 与 CP，并将大量能量释放而出，以此确保运动员肌肉收缩得以持续运行。运动时，ATP 与 CP 能够提供 5~7 卡路里可被身体利用的能量，这些能量能够维持的运动时间为 5~7 秒。基于此，对 APT—CP 系统供能时间的延长具有重要意义，它可以让运动员在 200 m 跑竞赛中时刻保持最快速度，从而取得更好的竞赛成绩。

在 200 m 跑全过程中，无氧糖酵解供能系统占据供能的 60%，所以我们也要对运动员的无氧糖酵解供能能力加以提升。200 m 跑的训练距离通常属于中跑距离，训练时间通常在 120 秒之内，训练与休息的时间大体相同，这样可以更好地对 200 m 运动员抗乳酸能力加以提升，使他们在后 100 m 中拥有更快的冲刺速度。如此，既将乳酸对运动员速度的影响加以降低，又保障了运动员最后的冲刺。

2. 200 m 项目技术特征

200 m 跑既要求运动员体能良好，又要求运动员能够熟练掌握相关运动技术。

现如今，200 m跑技术主要包括以下几种：屈蹬技术、摆动技术、放松技术和弯道跑技术。对这些技术进行熟练运用，有助于运动员速度耐力的提升，也有助于运动员上下肢协调配合能力的提升。有学者研究表明，处于放松状态的肌肉更能被轻松拉长，也能产生出更大的力量；相反，处于僵硬状态的肌肉更难被拉长，产生的力量也会较小。200 m跑在弯道跑时，距离占全程的一半以上，其技术动作主要包括两方面内容，其一为上下肢特别是腿部的快速摆动，其二是腿部的后蹬。想要更好地对离心力进行克服，在起跑时，运动员就应当让整个身体尽量地倾斜向内侧，同时，控制左臂的摆动，使其幅度不要太大；而在右臂摆动的过程中，肘关节应当稍稍向外，同时略微加大摆动时的力量与幅度。在弯道部分，运动员跑步的速度加快，所产生的半径就会变小，技术变化的范围也随之变大。而在运动员跑入直道部分后，其身体内倾程度就会慢慢变小，此时，运动员能量供应开始不足，导致速度降低。所以，如果运动员想要在此刻避免速度降低，保持之前较高的速度，那么就要着眼于日常训练，既要强化肌肉协调放松能力，又要强化身体抵抗乳酸的能力。如此，既有助于ATP—CP系统的再合成，也将系统的供能时间进一步延长，节省更多能量。

3.200 m项目体能特征

对于200 m跑项目来说，"平均速度"是衡量运动员速度水平高低的标准。所以，如果运动员想要在竞赛中取得成功，就需要在200 m跑全程中对自己的体能进行合理分配，这是制胜关键。通常来说，那些在200 m跑中表现优异的运动员往往在后半程拥有很强的加速冲刺能力，他们不仅有着发达的上下肢肌肉，体重也较轻，而这些都能保证在跑动时运动员步长、步频的增长，保证运动员上肢摆动力度，从而实现其跑步速度的提升。因而，在200 m跑项目中，速度和耐力都非常重要，二者紧密联系、彼此互促、缺一不可。

在200 m跑的日常训练中，我们应该把针对运动员后半程的速度耐力训练视为重中之重，特别是要注重合理分配体能。运动员在进行200 m跑竞赛时，应当在50~150 m区间内集中将自身体能释放出来，避免自身体能过度消耗，使最佳速度水平得以充分发挥，也使比赛成绩获得提升。

通过以上我们可以看出，较强的身体综合素质能力、较强的速度耐力和较强的高速运动能力都是200 m跑项目专项体能特征。

（三）200m运动员功能训练计划制订的原则

对矫正训练方案的设计与制订需要遵循一定原则，主要是对各种因素（如动作难度、训练内容、练习负荷等）进行综合考虑与衡量。要将练习强度、动作组数和不同的动作合理结合，达到所要引起的身体适应变化，使所练习的内容与所需的动作模式相符合，继而从基本动作训练逐步过渡到专项动作训练。

此外，在制订训练计划时，还应当实行"区别对待"原则。有一种很奇怪的现象经常存在于训练之中，那就是面对一样的训练内容、训练强度，有的运动员完成得轻轻松松，跑起来健步如飞，可有的运动员却显得颇为吃力、疲惫不堪。如此训练一段时间后，有的运动员成绩实现了突飞猛进，可有的运动员却出现了身体损伤。归根结底，这是因为运动员与运动员之间是不同的，有着体质差异，因而教练员必须从每个运动员实际情况出发，依照"区别对待"原则制订训练计划。教练员要了解每一名运动员专项发展的需要，从而确定其在训练中应当重点进行锻炼与发展的专项素质。教练员还要立足循序渐进的训练原则，将负荷强度、负荷量之间的关系进行科学且合理的处理，对每组练习的运动强度、间歇时间进行严格掌控，保证运动员能够更顺利地迈进更高水平。

（四）青少年 200 m 跑功能性动作训练方案的制订

1. 训练课的构成

（1）各关节灵活性和稳定性训练；

（2）核心区域的训练；

（3）各关节功能性力量训练；

（4）神经激活训练；

（5）再生训练。

本书试制订 200 m 跑运动员的纠正性功能训练方案，以供参考。该训练时间共计 8 周，每周 2 节课，每节课时间为 1 小时。训练具体内容主要包括动作准备、功能动作的再生训练、神经激活训练、预防伤病训练、快速伸缩复合训练和跑的专门性练习补充训练等。在矫正性训练课完成后进行功能动作筛查。训练计划安排流程如表 5-1-1 所示。

表 5-1-1 训练计划安排流程

训练环节	训练方式	训练器械	占用时间	目的
预防训练	自我按摩	徒手、体能垫	5 min	放松肌肉筋膜软组织，提高肌肉弹性和提升温度
动作准备	配合好呼吸慢跑、活动全身各个关节	徒手	10 min	提高内脏器官的机能水平和克服肌肉的黏滞性，以适应身体运动的需要

（续表）

训练环节	训练方式	训练器械	占用时间	目的
神经激活训练	徒手、步伐训练	绳梯	10 min	提高神经系统兴奋性，激活本体感受的肌肉组织，加强神经中枢对肌肉的协调控制能力
核心区域训练	徒手、负重、阻力、增加不稳定因素	体能垫、迷你带，杠铃片	15 min	加强运动员核心力量，协调上下肢用力，使力量的传递与控制达到最佳。
快速伸缩复合训练	跑、跳以及快速移动的一系列组合训练	徒手、踏板、小栏架或标志物	15 min	提高运动员所需要的专项爆发力和神经肌肉调控能力，提高运动员关节灵活性和稳定性
再生训练	自我按摩	徒手、泡沫轴、体能垫	5 min	放松肌肉筋膜软组织，加速恢复，再生肌肉

2. 训练阶段的划分

200 m运动员身体功能训练计划中一共包括三个阶段。第一阶段主要为学习适应期，时间大约为1~2周。针对200 m运动员身体存在的薄弱环节，训练其身体各关节肌肉群稳定性、灵活性，训练上下肢与躯干的协调性，以及训练核心区域的稳定性。第二阶段主要为提高期，大约需要3~4周的时间。这一阶段主要对运动员的身体温度进行提高，激活运动员本体感受的肌肉组织，激活拉长肌肉，也激活运动员肌肉系统和神经系统的协调配合。第三阶段为强化期，时间大约为5~8周。这一阶段主要是对运动员整体与局部的爆发力进行提升，同时提高运动员身体灵活性，增强其身体协调性，提高其动作效率，使运动员能够适应神经肌肉控制。这三个阶段能够为运动员下一步完成专项技术和提高身体素质打下良好的基础，提高其专项成绩（表5-1-2）。

表5-1-2　200m运动员身体功能训练阶段划分

训练阶段	时间	训练类型	任务目的
第一阶段	1~2周	主要以预防训练、动作准备和核心区域训练为主	加强运动员身体各关节肌肉群灵活性和稳定性训练，提高躯干与上下肢的协调性以及核心区域的稳定性
第二阶段	3~4周	主要以神经激活训练为主	提高运动员身体温度、激活拉长肌肉、激活本体感受的肌肉组织、激活动员神经系统和肌肉系统的协调配合
第三阶段	5~8周	主要以快速伸缩复合训练和再生训练为主	提高运动员局部和整体的爆发力、同时提高身体灵活性及协调性，使神经肌肉控制得到适应

（五）青少年200 m矫正性训练方案内容安排与实施

1. 动作准备训练

200 m短跑对运动员的匀加速能力提出相当高的要求，因而运动员在热身练习时，需要以直道加速、弯道加速为主，同时对下肢柔韧性予以侧重，并重点强化核心区的肌肉力量，开展行之有效的身体恢复练习。在动作准备训练中，主要是让运动员自己进行按摩，从而帮助软组织进行再生，使训练后的肌肉筋膜得到放松，使肌肉恢复能力和肌肉弹性得到提升。

我们不用在每一节训练课中都使用动作准备训练内容，应当从每日训练内容出发，视实际情况对动作准备训练进行选择与安排。我们对动作准备部分的训练安排如表5-1-3所示。

表5-1-3　动作准备训练计划

练习内容	动作要领	训练负荷	强度
自我按摩	动作准备训练	1次/组	小
肩关节牵拉	自然站立，一只胳膊向上弯曲，手靠在肩胛骨上，另一只手抓住肘关节，向后拉肘关节，然后换另一侧	15秒/组×2组	小
体侧牵拉	运动员两腿交叉坐在垫子上，两只手在头后交叉，右肘向右膝靠拢，然后换另一侧重复以上动作	15秒/组×2组	小
腹股沟动态牵拉	运动员臀部接触垫子成坐立姿势，两腿向外分开且两脚掌相对并接触，两手抓住脚踝，两肘关节放在大腿内侧或膝盖位置，尽量用力向下推两腿	30秒/组	小
脚踝牵拉	运动员成坐立姿势，一侧腿放在另外一侧腿的膝盖上方，一只手抓住踝关节，另一只手抓住脚尖，并向身体方向拉动，也可将足弓脚趾向身体方向牵拉	15秒/组	小
弓箭步走	上半身挺直，以左腿在前为例，运动员在行进间过程中，右膝弯曲至90°，下压左脚，然后换另一侧腿依次交替进行	1次/组	小
提踵走（或脚后跟走）	运动员踮起脚尖，以小碎步快速向前走动；或两脚后跟着地，向前快速走动	15次/组	小
小步跑	身体上半部分保持平直或稍微向前倾，大腿积极下压，用前脚掌接触地面，完成扒地动作；	20次/组	小
行进间踢踏步	运动员以两脚前脚掌着地，向前摆动动作，有地，两腿做快速	20次/组	小
起跑与加速跑	注意力高度集中，采用站立式起跑，听到"跑"的信号后，两脚用力蹬地，迅速起动，注意前几步不要过大	1次/组×2组	小
后踢腿跑	身体上半部分保持平直或稍向前倾，两臂前后摆动，在跑动中大小腿向后折叠	1次/组	小

2. 神经激活训练

200 m 项目中，对运动员的速度能力以及快速反应能力也提出了更高的要求。在神经激活训练中，我们可以通过改变多种方向进行绳梯步伐和移动等专门练习，依靠脚下快速移动对神经进行刺激激活，促进更多肌纤维参与运动之中，借此对运动员神经系统的兴奋性进行提升，对中枢神经调控肌肉的能力进行强化，从而使得训练效果更优异。对运动员神经系统激活训练的安排如表 5-1-4 所示。

表 5-1-4 神经系统激活训练计划

练习内容	动作要领	训练负荷	间歇（秒）	强度
连续蹲跳	两脚自然开立，屈膝向下半蹲，两臂快速摆动，然后两腿迅速蹬伸，快速向上跳起，落地时用前脚掌着地屈膝缓冲，然后继续跳起	10 次 / 组	30	小
蹲跳冲刺	两脚自然开立，屈膝向下半蹲，两臂快速摆动，然后两腿迅速蹬伸，快速向上跳起，在落地后迅速完成加速跑	1 次 / 组 × 2 组	60	中
背向转身加速跑	两脚背对起跑线，膝关节微屈，当听到口令后，迅速转身加速（也可以在脚尖快速点地的情况下完成）	1 次 / 组 × 2 组	30	小
T 字形变向跑	在地面上用标志物标示出一个 T 型，运动员根据标志物标示的线路跑进，在变换方向时，同侧的脚先移动，注意重心的转移	1 次 / 组	60	中
S 形变向跑	在地面上用标志物标示出一个 S 型，运动员根据标志物标示的线路跑进，在变换方向时，同侧的脚先移动，注意重心的转移	1 次 / 组	60	中
放射形跑	在场地上成一排摆放 6 个标志物，起点放在整排标志物的最中间，距离可自行调整，当听到口令后，从起点跑到任意一侧的标志物并触碰标志物，然后快速返回起点，再从起点跑到第二个标志物，依次进行，直到所有标志物都被触碰	1 次 / 组	60	中
5 次双腿纵跳 + 碎步跑	运动员两手放在身体两侧前后摆动，在绳梯上先做 5 次双腿纵跳，然后小碎步跑进完成整个动作	3 次 /1 组 × 2 组	30	小

3. 核心区域训练

国内外学者普遍认为，在运动训练方面，人体核心部位发挥作用的骨主要包括髋骨、胸廓骨、股骨和脊柱。在运动过程中，它们发挥着重要作用，即对身体进行稳固支撑。因此，附着在脊柱、胸廓骨、髋骨、股骨上面的肌群也被我们称为"核心肌群"。核心稳定性能够在运动员上下肢运动时创造支点，帮助运动员对躯干、骨盆部分进行控制，保持肌肉稳定，使其无论在肌肉力量传递、肌肉控制还是上下肢协调用力方面都能实现最佳水平。对运动员身体小肌肉群的训练是核心训练所强调的部分，其能够帮助运动员核心部位的力量更好地向四肢发展。核心区域的训练安排如表 5-1-5 所示。

表 5-1-5 核心区域训练计划

练习内容	动作要领	训练负荷	间歇（秒）	强度
平板支撑	运动员分别以两肘关节和两脚撑于地面，身体呈桥形姿势（可并腿分腿）	30 秒/组×2 组	60	中
双臂支撑俯桥	运动员分别以两肘关节和两脚撑于地面，两臂有节奏的交替进行上举	15 秒/组×2 组	30	小
静态背桥	运动员肩部和背部着地，髋部抬起屈膝，身体呈直线	30 秒/组	15	小
俄罗斯旋转（梅森扭转）	运动员臀部着地，两腿屈膝交叉悬于空中，肘关节微屈，两手来回迅速触碰身体两侧	20 秒/组×2 组	60	中
扶膝卷腹	运动员平躺于垫子，两腿屈膝两脚撑地，运动员伸直双臂，用两侧手掌放于大腿面上向前移动，注意脖颈部不能接触垫子	25 秒/组×2 组	30	中
V 字支撑	运动员臀部着地，两腿屈膝抬起两脚并拢，运动员双臂伸直，上体前伸，身体呈 V 字姿势并保持稳定	30 次/组×2 组	60	中
空中单车	运动员平躺于垫子，两手半握拳放到耳侧，卷起腹部，然后用一侧的肘关节去触碰另一侧腿的膝盖，同时双腿中另一侧腿离地，伸直，然后摆动身体，使另一侧的肘关节去触碰另一侧的膝盖，然后反复进行练习。	15 次/组×2 组	30	中

4. 快速伸缩复合训练

快速伸缩复合练习是对运动员爆发力进行提升的一项重要手段。其作用机制为通过练习对运动员弹性能量使用频率进行提升，同时强化神经肌肉控制力，使得肌肉输出功率进一步提升。针对 200 m 跑，快速伸缩复合练习主要对上肢、下肢和躯干进行快速伸缩复合训练。此外，我们要注意的是，在进行快速伸缩复合练习时，一定要有充足的课间恢复，不能连续安排运动员身体同一部位进行快速伸缩复合练习，否则容易造成其过度训练。相关学者研究表明，在快速伸缩复合练习中，需要 48~72 小时的必要恢复时间。快速伸缩复合训练安排如下表 5-1-6 所示。

表 5-1-6 快速伸缩复合训练计划

练习内容	动作要领	训练负荷	间歇（秒）	强度
仰卧抛接实心球	运动员成仰卧姿势，然后屈膝，持实心球于头上方，将球抛给同伴	15 次/组×2 组	15	小

(续表)

练习内容	动作要领	训练负荷	间歇（秒）	强度
蹲起上抛实心球	成下蹲姿势，两手持球然后迅速蹲起，将球向上抛出	10次/组	30	中
手持实心球向前二级蛙跳	成半蹲姿势，目视前方，向前跳跃两步，然后迅速做向前向后抛球动作	1次/组×2组	30	中
原地直腿跳	两脚自然开立，两手用力向上摆，两脚同时发力垂直向上连续跳跃	45次/组×2组	60	中
半蹲跳	运动员两手抱头，两腿屈膝成半蹲姿势，垂直向上跳起	25秒/组×2组	15	小
Z型蛙跳	运动员成半蹲姿势，两手向后摆动，两腿同时发力沿着Z形标志物向前上方跳	1次/组	30	中
渐增步幅跑	将标志线按从小到大的顺序依次设置，运动员成站立式起跑姿势，重心在前，跑进过程中快速摆臂，步幅根据标志线逐渐增大	1次/组×2组	15	中
（单双脚）连续跳过障碍物	设置小栏架或其他标志物，运动员成起跳姿势，两腿（或单腿）弯曲，同时蹬地发力，连续向前跳进	1次/组×2组	30	中
越过障碍物接立定跳远	运动员成起跳姿势，两腿（或单腿）弯曲，同时蹬地发力，然后越过障碍物并接立定跳	1次/组×2组	30	中

5.再生训练

高强度训练后，运动员的肌肉、筋膜等软组织会出现过度紧张等问题，因而需要自我按摩帮助其及时放松。同时，再生训练还能对肌肉不平衡进行纠正，对关节活动幅度加以改善，对神经肌肉的有效性进行增强，对关节压力予以减轻。当然，我们应当意识到，运动中生理反应或神经化学反应并非是身体恢复中的全部内容，其中还应当包含心理层面的恢复。具体而言，就是怎样才能让运动员重新充满训练的热情。对运动员心理层面的恢复包括让运动员拥有充足睡眠、在精神上放松，如使他们从事一些感兴趣的活动等（表5-1-7）。

表5-1-7 肌肉的放松和再生训练计划

练习内容	动作要领	训练负荷	强度
脚底自我按摩	可以用网球或泡沫轴踩在脚掌下，来回滚动踩压网球进行	45秒/组	小
小腿后腿肌群放松	手指按在腓肠肌部位，采用指压或两手搓揉的方式进行按摩，还可以使用另外一侧的膝盖按摩比目鱼肌	30秒/组	小
大腿后群肌肉静态拉伸	运动员仰卧于垫子，抬起一侧腿，然后两手交叉抱住抬起腿的膝关节后面部位，另一侧腿伸直，这样依次进行牵拉	30秒/组	小

（续表）

练习内容	动作要领	训练负荷	强度
大腿股四头肌静态拉伸	运动员成站立姿势，弯曲右膝，然后同侧手握住脚踝，向后慢慢牵拉，靠近臀部位置，异侧手臂向上伸直	30秒/组	小
腹股沟静态拉伸	运动员臀部接触垫子成坐立姿势，两腿向外分开且两脚掌相对并接触，两手抓住脚踝，两肘关节放在大腿内侧或膝盖位置，尽量用力向下推两腿	30秒/组	小
臀大肌静态拉伸	右腿屈膝平放于垫子上，然后另一腿向后伸直，脚背朝下，腿和身体成一条直线，重心稍向右腿外侧前移，坚持几秒钟换另一侧	30秒/组	小
下背伸肌群的放松	运动员成俯卧姿势，两臂伸直撑地，慢慢向后拉伸，切记不要憋气	30秒/组	小
两手交叉向上举	运动员自然站立，两手交叉向头上方一直举，然后坚持几秒钟，再缓缓放下回到原来姿势	45秒/组	小

二、5000 m 跑功能性动作训练方案设计

（一）5000 m 跑概述

1.5000 m 跑的项目特征

在体育运动中，中长距离跑（即中长跑）属于速度、耐力性项目。其中，5000 m 耐力跑则被划分为长跑项目，这也是奥运会正式比赛规定的距离最短的一项长跑项目。在长跑的过程中，占据着绝对优势的是"有氧代谢"，具体来说，在 5000 m 耐力跑中，无氧代谢所占比例为 20%，而有氧代谢所占比例则高达 80%。所以，5000 m 耐力跑项目无论对运动员的身体素质方面还是生理机能方面（如最大摄氧量、肌耐力、通气量、乳酸域等）都有着较高的要求。5000 m 耐力跑被我国运动训练学的项群理论划分为"周期性体能主导类耐力性项目"，所以，在运动员体能各项素质中，决定运动员能否于 5000 m 耐力跑竞技领域取得好成绩的关键因素为"肌肉耐力"和"有氧耐力"。

同时，作为有着周期性单一动作结构的项目，在 5000 m 耐力跑中，所有的技术环节都必须经过上万次的重复。所以，如果耐力跑步运动员既想要提升自己的运动表现，又想要将运动伤害降到最低，必须要学会对机械力原理进行合理利用，同时习得良好的跑步技术。

作为一项能够对肌肉力量耐力、心肺耐力进行发展的项目，中长距离耐力跑具有"肌肉长时间持续性工作"的特点。因此，其对运动员提出两大要求：第一，

运动员要将能量消耗尽可能地降低，实现能量"节省化"，使得自己在跑步的全过程中都能让跑速维持在一定区间内；第二，在中长距离耐力跑过程中，运动员要能够从对手情况、比赛情况出发，及时调整自己的速度，更好地应对比赛。所以，对于中长距离耐力跑来说，加速跑、变速跑可谓是非常重要、不容忽视的能力。总体而言，在跑步的全过程中，耐力跑运动员要能对体力进行合理的分配，并且做到正确地对最佳技术动作予以掌握，这是非常关键的。

2.5000 m 跑项目的发展历程

男子 5000 m 自 1912 年就已经被奥运会列为正式的比赛项目。在奥运会中，这项比赛的第一枚金牌获得者为芬兰运动员。到了 1996 年，奥运会将女子 5000 m 同样列为正式的比赛项目，而该项目的第一枚金牌则被我国优秀运动员王军霞斩获，其也因此享誉世界。不过，在早期的奥运会中，无论是 5000 m 还是 10000 m，几乎都是由芬兰选手包揽冠军。这一情况一直持续到 20 世纪 80 年代，来自非洲的运动员开始崭露头角。回顾奥运会历史，我们可以看到一位位优秀的 5000 m 运动员。其中，女子 5000 m 运动员有王军霞，埃塞俄比亚的梅塞雷特·德法尔、迪巴巴姐妹，等等；男子 5000 m 运动员有埃塞俄比亚的塔里库·贝克勒、海勒·盖布雷塞拉西，捷克的埃米尔·扎托佩克，英国的穆罕默德·法拉赫，等等。虽然就男子 5000 m 而言，我国运动员离世界顶尖水平仍有一定距离，但与此同时也要看到，像我国郑凯、戚振飞、蔡尚岩、孙文勇、夏丰远等运动员已有着很不错的表现。

3.5000 m 跑的技术动作特征

就技术要求方面，5000 m 长跑其实和中跑十分相近，不过也存在一些不同。例如，无论从跑步动作的速度、步长还是用力程度等方面来说，相较于中跑，对 5000 m 长跑所提出的要求都相对较低。但是，就全程对正确技术的保持及对体力的合理分配，还有跑步的竞技性等方面来说，对 5000 m 长跑的要求都比中跑要高。具体而言，长跑技术应当对人体的自然姿势、原理与规律加以遵循，同时实现实效、协调、竞技的统一。在经历从跳跃跑到小步高频跑，继而大步幅跑，再到组合跑等一系列演进后，长跑的技术日趋完善。运动员掌握正确长跑技术后，能够在跑进中更加轻松自如地做出动作，足弓富有弹性，实现有力的蹬伸，运动节奏更强，从而将身体素质与人体综合技能最大限度地进行有机结合，转换成维持和提高专项跑速的技术能力。

（二）青少年 5000 m 跑功能性训练设计

1. 偏载训练

我们都知道，跑步其实就是一脚踏空、另一脚支撑，在交替中周而复始的运动，其具有很强周期性。所以，单纯从功能性层面而言，更符合跑步转向需求的不是双脚平行着站立的"对称性单边交替发力"训练模式，而是"单侧交替发力"训练模式。像弓箭步蹲、下肢负重登台阶及保加利亚蹲等，都是十分常见的抗阻训练动作。

2. 核心肌耐力的训练

跑步属于全身运动，因而要求身体各肌肉群都有着较强的持续性工作能力。而对于 5000 m 耐力跑运动员而言，对肌耐力和躯干核心的稳定性进行提升，有助于自身良好技术动作结构的保持，特别是能够避免出现途中跑后程技术上的变形。侧面支撑、臀桥、平板支撑等静力性训练都是十分常见的核心肌耐力训练动作。我们可以让运动员循序渐进地进行训练，实现从自重到负重的过渡，实现平面练习从稳定性到不稳定性的过渡。

3. 快速伸缩复合训练

在耐力跑过程中，有一项非常重要的技术环节，那就是"下肢着地缓冲"。运动员下肢的蹬伸发力水平高低与能否掌握良好的缓冲技术直接相关。具体来说，人在跑步过程中下肢从触地到缓冲，再到蹬伸，期间肌肉会快速伸长、收缩。对于运动员而言，如果他们能够缩短这一肌肉快速伸缩周期，就能缩短支撑时间，相对应的，腾空时间就会增加。在 5000 m 耐力跑全过程中，那些优秀的运动员往往在支撑时间上花费更少。所以，将快速伸缩复合训练适当穿插进 5000 m 耐力跑运动员的训练中，能够起到较强的助力作用。

4. 小腿专门性力量训练

通过我们对国外那些优秀的长跑运动员或马拉松运动员进行观察，不难发现，其中很大一部分人在跑步时都是前脚掌先着地。但是再看看国内，我国很多运动员很难做到在长跑全过程中都保持前脚掌先着地，这其中自然有很多因素，如生活方式不同、训练方式有别、生理结构存在差异等，但我们需要着重看到的是在"力量素质"上存在的差异。这是因为，想要采用前脚掌着地的方式跑步，运动员就要具有较强的肌耐力，并且脚底小肌肉群和小腿三头肌肉都要有更强的力量。

与优秀组运动员相比，普通组运动员在 5000 m 跑全程踝关节角度变化差异更明显，因此，对 5000 m 耐力跑运动员的小腿肌肉力量有针对性地进行增强，是对跑步落地方式加以优化的必然之举。

5. 高强度间歇性训练

间歇训练对运动员体脂的维持、力量爆发力的提升以及心肺功能和最大摄氧量的提升都大有裨益,这一点已得到国外很多研究的证实。因而,对于耐力跑运动员而言,间歇训练具有必要性。这是因为,如上所述,耐力跑不仅要求运动员能够在跑步全过程中保持速度的稳定,还要能够随时根据对手跑步情况,在速度节奏方面及时地进行战术上的调整。特别是在 5000 m 耐力跑的后程,如果运动员能够对自身技术动作结构进行更好的调整,实现加速冲刺,必将抢占竞技优势。而这种速度变化的专项能力,恰恰能够通过间歇式训练得以提升,所以,间歇性训练对耐力跑运动员来说也是十分重要的。

6. 组合耐力训练

法特雷克训练法、速度/节奏训练法、重复训练法、间歇训练法等,都是常见的耐力训练方法。在 5000 m 耐力跑运动员的训练过程中,我们不能仅仅采用单一的训练方法,而应当将多种训练方式综合加以运用,具体考虑运动员训练周期、水平、状态、年限等因素,对不同训练的比重进行更为合理的安排。

三、400 m 跨栏项目功能性训练方案设计

(一) 400 m 跨栏项目概述

1. 400 m 跨栏项目的发展概况

若论跨栏跑的起源,还要将目光落到劳动人民的生活与劳作中去。在公元 17 世纪至 18 世纪,英国有着颇为发达的畜牧业,羊圈彼此相连,牧羊人常常跑跳着越过羊圈,边追逐、边嬉戏。而在过节时,他们也会举办跳跃跨过羊圈的活动,比一比谁跳过的羊圈更多,谁跳跃的速度更快。之后,这一活动渐渐发展,人们开始在平地中埋入一道道栅栏,以此代替羊圈进行比赛。某种意义上讲,这就是跨栏比赛最原始的存在状态。时间到了 1837 年,出现了最早的有关跨栏比赛的报道,那便是英国伊顿专科学校教师的跨栏比赛。而后,在 1853 年,两个体育爱好者跳跨 50 个栏架的比赛也出现在报道之中。在 1864 年,来自美国的某位运动员在 120 m 跨栏跑中创下了第一个记录(17.3 s),这不仅是世界历史上第一个可信的跨栏跑记录,更是跨栏比赛步入规范阶段的一大标志。

让我们再把目光聚焦到 400 m 跨栏跑上,其起源于法国,最初仅仅有男子项目。在 1888 年,400 m 跨栏跑首次举办了比赛,其采用的是 76.2 cm 高的栏架、

在 1900 年举办的第二届奥运会中，400 m 跨栏跑成为正式比赛项目，瓦·布·图克斯伯里（美国运动员）跑出了 57.6 s 的成绩，夺得金牌。四年后举办的第三届奥运会中，栏架的高度被改为 91.4 cm，哈·希尔曼（美国运动员）跑出了 53 s 成绩，不仅将金牌收入囊中，更书写了 400 m 栏的第一个正式世界纪录。而 1924 年，在第八届奥运会上，同样来自美国的运动员摩·泰勒跑出了 52.6 s 的成绩，将这一世界纪录打破。近半个世纪过后，1972 年，来自乌干达的运动员阿基·布阿跑出了 47.82 s 的成绩，首次突破了 48 s。1983 年，美国运动员埃·摩西再次将世界纪录进行刷新，其跑出了 47.02 s 的成绩。1992 年，美国运动员凯文·扬将 400 m 栏的成绩突破了 47 s，其取得了 46.78 s 的成绩。

1973 年，田径比赛项目中首次加入了女子 400 m 跨栏跑；在第二十三奥运会中，其也正式成为田径比赛项目。国际田联做出决定，从 1974 年起承认女子 400 m 跨栏跑的世界纪录。1993 年，来自英国的运动员吉奈尔以 52.74 s 创下新的世界纪录；而仅仅两年之后，在 1995 年第六届世界田径锦标赛上，来自美国的运动员巴顿就再次刷新了世界纪录，其跑出了 52.61 s 的好成绩。截至目前，女子 400 m 栏的世界纪录为 51.46 s，这一纪录的创造者为来自美国的运动员西德尼·麦克劳林，创造于 2020 年东京奥运会。

针对我国男子 400 m 跨栏跑人工计时成绩而言，全国纪录开始于 1963 年的 56.8 s，到 1979 年共被刷新 14 次，提高至 51.2 s。而 1978 年起，全自动计时成绩被承认，当时男子 400 m 跨栏纪录为 52.37 s，到 1993 年，全国纪录被刷新为 49.59 s。现如今，我国男子 400 m 栏所取得的最好成绩为 49.03 s，是 2006 年孟岩在亚洲田径大奖赛印度班加罗尔站的比赛中创造的，可谓是一大飞跃。

在 1933 年的第五届全运会上，我国男子 400 m 栏被正式列为比赛项目。该届全运会中，陶英杰夺得男子 400 m 栏的冠军，其跑出了 59.2 s 的成绩。中华人民共和国成立后，田径运动得到广泛开展，同时，我国场地设备条件越来越好，并对世界先进的训练方法加以借鉴吸收，这一切都使得我国训练方法愈发科学化，运动技术也得以持续改进。基于此，我国男子 400 m 栏运动成绩实现大幅提高。

女子 400 m 跨栏跑从 1976 年开始承认全国纪录，人工计时成绩 62.1 s，从 1978 年开始承认全自动计时成绩，纪录为 60.99 s。1990 年，女子 400 m 栏的亚运纪录被我国运动员陈菊英打破，她取得了 55.12 s 的成绩，当时，这一成绩为世界第九。1993 年，韩青刷新了这一记录，她取得了 53.96 s 的成绩，她也是该项目跑进 54 秒大关的第一个亚洲人。

2. 跨栏跑的技术发展趋势

（1）速度是提高跨栏成绩的主要因素

运动员的速度水平决定着其在跨栏跑项目所能取得的成绩。例如，来自美国的雷纳尔多·内赫米亚和格雷戈·福斯特等优秀运动员，当他们十七八岁的时候，就能在百米跑运动项目中获得 10.3 s 的好成绩，而他们也在其后开始着重于对跨栏跑的训练。美国教练表示，如果他们在百米跑中不能取得上述成绩，那么也不会让他们投入跨栏跑的专项训练之中。可见，想要使得跨栏成绩获得提升，其基础就是平跑速度的提高。运动员必须先让自己拥有更高水平的平跑速度，在此基础上再去磨炼自己的跨栏技术，这样竞技上才具有实际意义。

（2）跨栏运动员平跑的技术只能是"高重心、快频率"

匹配的步频与合理的步长共同构成了短跑运动员的"速度"。在短跑过程中，运动员既可以采用"稍慢频率+大步幅"，也可以采用"较快频率+较短步长"，既可以选择高重心，也可以选择低重心，无论如何，只要能够提高自身的速度，就是十分优秀的短跑运动员。然而，跨栏项目和短跑项目有所不同，跨栏项目的赛道并非是"一马平川"的，而是有着一个个栏架。所以，运动员在进行跨栏跑时，只能采用"高重心的快频率跑"这一种平跑技术，这样才能练出真正具有实际意义的平跑速度。

（3）提高跨栏专项周期速度

跨栏全程跑的栏间步长存在较为明显的差异，腾空时间与每一步支撑的比例都是特定的。具体来说，其是围绕着跨越栏架构成跑跨结合的非对称的四步周期，而跨栏的成绩就与这"四步周期"的速度息息相关。因而，我们可以说，"四步周期"速度正是跨栏水平获得提升的核心。所以，当前我们提出了"三步一跨"的"四步周期"，也将"四步周期"速度的提升视为专项速度的提升，视为跨栏全程跑速度提升的关键。

（4）过栏技术要重视改进下栏技术

在以往对跨栏技术的训练中，人们更多地着重于"上栏技术"与"攻栏技术"，而现在，人们已然认识到，想要训练过栏技术，不能仅仅对"上栏技术"加以重视，还要对"下栏技术"予以改进，这样才能使跨栏技术向跑的技术不断趋近。其中，特别是加快摆动腿的下栏、对摆臂与躯干的技术予以重视、对上肢力量训练进一步强化等。此外，人们在训练专门快速节奏，训练下栏与栏间结合的专门技术等方面也取得了不错进展，使得"跑"与"跨"得到更好的结合，也促进全程节奏更加合理。由此，跨栏的特点也逐渐形成了。

跨栏跑技术的发展及成绩的提高应是：运动员的身材高大（男 1.90 m，女 1.75 m 左右）、平跑速度快（男 10 s、女 11 s 左右）。

400 m 栏的发展趋向于栏间减少步数，左右腿过栏技术更熟练。

3.400 m 跨栏供能特点

作为一项速度耐力项目，400 m 跨栏持续时间较长、强度较大，全程是在机体缺氧和肌肉全力运动状态下完成的。

400 m 栏有着以下三种供能特点。其一，无氧糖酵解供能（55 %~60 %）；其二，磷酸原供能（20 %~25 %）；其三，有氧供能（15 %~25 %）。这之中，起到主要作用的当属"无氧代谢能力"。因而，对于 400 m 栏运动员来说，促进无氧糖酵解供能能力的提升是非常重要的。

总体来看，400 m 栏项目约有 50 s 的运动时间，运动员起跑后，前 8 s 主要是依靠磷酸原供能系统，而在 8 s 之后的跑程中，机体需要更多的能量，这已然超过了磷酸原系统的供能能力，因而需要糖无氧酵解系统来给予能量支持。此时，无氧糖酵解后产生的乳酸是运动员能量的主要来源。因此，在 400 m 栏项目中，如果运动员想要在全程都保持高速度，那么就必须要让无氧糖酵解能力得到进一步提升。

4.400 m 跨栏跑技术特点

作为一名 400 m 跨栏跑运动员，在跳高、短跑、中距离跑及跨栏等方面都必须具备较高的运动等级。跟平跑运动相比较，400 m 跨栏跑有着明显的不同，那就是这项运动需要运动员在跑的过程中跨越十个栏架，这一特征是跨栏跑运动独有的。这一运动项目对运动员各方面的能力和素质也有着较高的要求，首先，速度是任何力量性运动和速度性运动最基本的要求，所以参与跨栏跑的运动员必须具备较快的平跑速度；其次，在起跨时，运动员必须具备将速度损失降到最低的方法和能力，因为这在很大程度上决定着跨栏的效率；第三，跨栏跑是一项技术性的运动，作为运动员，最好能具备两条腿都能起跨的能力，这决定了他们在这一运动项目中的发展前景。除了以上三点之外，在跨栏跑运动过程中，运动员还要尽可能地保证十个跨栏间跑的节奏具有一致性，这对提高跨栏效率有着十分重要的作用。最后，运动员还要有高校的体能分配能力。

5.400 m 跨栏跑体能特征

在不同的运动项目中，运动员的身体形态是不一样的，而身体形态方面的差异，对运动员运动素质的发展有着较大的影响。相关数据显示，男子 400 m 跨栏运动员的平均身高在 181 cm 左右，体重则在 72 kg 左右，这说明男子 400 m 跨栏跑运动员身材较高，而体重偏轻。在 400 m 跨栏跑运动中，跑步速度是决定跨栏运动员成绩的重要因素，所以在这一项目的训练中，第一重要的就是加强对运动员平跑速度的指导和训练，而这其中起到关键性作用的就是位移速度，它是由运动员的步频、步速、加速能力、保持高频率及大步幅能力所共同决定的。在所有的田径运动项目中，跨栏跑是比较有难度的，在进行这项运动时，运动员需要在快速跑的过程中连续跨过栏架，这对运动员的身体素质有十分高的要求，特别是要求运动员要有良好的身体协调性，这在很大程度上决定着运动员在进行这一项目时能够取得的成绩。同时，相比于 400 m 跑，400 m 跨栏跑最特殊之处就是需要跨越十个栏架，所以，运动员在参加这一运动项目时，要想在栏架之间保持较快的速度，那么就必须把握好节奏。400 m 跨栏跑实际上综合了平跑和跨栏两个运动，所以，运动员平跑的能力对其 400 m 跨栏跑的成绩有着直接的影响，因此在平时训练中运动员要重视平跑速度和能力的提升。另外，作为 400 m 跨栏跑运动员，需要具备较强的力量耐力，还要具有较高水平的最大力量，使其能够在高度疲劳的状态下，顺利完成跨栏动作。总而言之，要想提高运动成绩，首先必须具有良好的体能，这是运动员能够承受超负荷训练和高强度比赛的前提。

（二）青少年 400 m 跨栏项目功能性训练方案的制订

1. 速度训练

400 m 跨栏跑是属于短跑的范围，但它是短跑项目中距离最长的，对于这种运动来说，发展速度是提高成绩的重要前提。通常情况下，对于 400 m 跨栏跑来说，速度是基础，耐力是关键，运动员在 400 m 跨栏跑中要想取得较好的成绩，首先就要提升 400 m 平跑能力。从训练形式这方面来讲，二者大致是一样的，考虑到跨栏跑的运动特点和技术特征，在平跑训练过程中，运动员一定要注意高重心、有弹性、节奏好、动作省力等要素，从而保证在步长的情况下提高频率。

如表 5-1-8 所示，速度的训练方式一般可以分为四种，分别是 30 m 行进间跑、30 m 起动跑、60 m 起动跑、100 m 跑。这些训练主要目的就是提高运动员短距离瞬间加速的能力。专项速度耐力的训练有六种方式，分别是 100 m 间歇跑、150 m 间歇跑、200 m 间歇跑、300 m+150 m 组合跑、300 m 间歇跑、450 m 反复跑。可以看出，这些手段主要采取间歇训练法，对于间歇时间进行了严格的控制，在身体技能尚没有恢复到原来状态时，就开始下一个阶段的练习，这有助于运动员提高机体抗乳酸的能力，并提高机体的抗体，使运动员能够不断地突破体能上的限制，从而得到运动成绩的进步与持续提升。

表 5-1-8　速度训练手段

一般速度	专项速度耐力
30 m 行进间跑	100 m 间歇跑
30 m 起动跑	150 m 间歇跑
60 m 起动跑	200 m 间歇跑
100 m 跑	300 m+150 m 组合跑
	300 m 间歇跑
	450 m 反复跑

2. 力量训练

在 400 m 跨栏跑运动中，运动员从身体静止不动的状态，到快速蹬离起跑器，并且还需要在 400 m 的距离内迅速地跨越十个栏架，这其中所包含的一系列活动都必须有强大的力量来支撑，所以说，加强力量训练，对跨栏跑运动员而言是十分重要的。

400 m 跨栏跑的力量训练包含几个方面，分别是最大力量、一般力量专项力量，其最有效并且使用更广泛的训练方法就是循环训练和重复训练有机结合。

（1）最大力量训练

所谓的最大力量，就是指人体或者人体的某一部分，在进行某项工作时克服最大内外阻力时所展现出来的力量，简单来说就是最大克服阻力的能力。在我国，最大力量训练的最常用、最基础的方式就是杠铃负重下蹲练习。而在经过多年的理论研究与实践探索之后，到目前，除了这个最基础的方法，还有很多最大力量的训练方法可供运动员选择。就如何提高运动员力量这个话题，某学者给出了一些方法和建议，他提出可以通过直腿提铃、负重侧跨步练习、负重前蹲、负重登上高物、负重下蹲转体，以及抓举、高翻、高提等方式来有效提高运动员的力量素质。目前，对于通过负重练习来促进运动成绩的进步，得到了广泛的关注和认可，相关学者和运动员也在不断摸索最合适的负重练习的强度，并取得了一定成果。男生青少年 400 m 跨栏运动一般采取高翻、半蹲、全蹲、单腿蹲、卧推、坐姿提拉上举这几种方式来进行最大力量的训练（表 5-1-9）

表 5-1-9　最大力量练习手段

方法	练习组数	练习次数
高翻	各 1~2 组	3~10 次
半蹲	各 1~2 组	10~12 次
全蹲	各 1~2 组	2~6 次
单腿蹲	各 2~3 组	10~12 次

（续表）

卧推	4~6 组	3~10 次
坐姿提拉上举	6~8 组	5~10 次

（2）一般力量训练

所谓一般力量，指的是人体肌肉群力量，这种力量的训练通常采取的训练手段有：核心力量训练、上下肢练习等（表5-1-10）。

表 5-1-12 一般力量练习手段

一般力量	练习手段
核心力量	静力腹肌背肌、负重腹肌背肌、平板支撑、平行垫平板支撑、侧支撑、单腿蹲、球撑箭步蹲等
上下肢力量	哑铃练习：摆臂、侧平举、上举、扩胸等 负重向上跳：直膝、半蹲、弓箭步、交换腿等 橡皮条练习：抬腿、摆臂、拉栏练习等

（3）专项力量训练

所谓专项力量，是指在某个专项运动中，肌肉收缩产生的力量达到最高水平的能力，这是力量训练的核心（表5-1-11）。专项力量训练的主要目的就是，把最大力量通过一些手段转化到专项训练当中。通常情况下，在完成最大力量或跑完绝对速度之后，进行专项力量的练习，会得到更好的效果。

表 5-1-11 专项力量训练手段

专项力量	训练手段	练习次数
跳跃练习	立定跳远、立定三级跳	6~10 次
	五级跨跳、十级跨跳	5~8 次
	100 m 跨跳、200 m 跨跳	4~6 次
	跳栏架练习（10 个栏）	8~10 次
	30 m 快速后蹬跑等负重	3~5 次
力量耐力练习（强度为最大力量对40%~50%）	100 m、200 m 跑	2~3 组
	上坡跑 60~100 m	3~6 组
	高抬腿 60 m（控制速度）	3~5 次

3. 耐力训练

所谓耐力，就是指人体肌肉长时间进行工作的能力，也可以理解为抵抗疲劳的能力。一般情况下，耐力分为一般耐力和专项耐力。

（1）一般耐力

①听点匀速跑 40 min：提前设置好 50 m 的用时，用喇叭提醒，运动员控制

跑的速度；

②法特兰克跑；

③各种距离的变速跑；

④1000 m 间歇跑。

（2）专项耐力

①递减间歇跑：300 m 跑 3 个一组，第一个跑完间歇 6 分钟，第二个跑完间歇 5 分钟。

②循环接力跑：200 m 跑 5 个，确定总时间，3 人一组，循环进行，2~3 组。

4. 柔韧性训练

柔韧性是我们在接触体育锻炼时经常听到的一个词，它具体是指人体关节幅度及皮肤、韧带、肌肉等其他组织的伸展能力。比如，在进行体前屈测试时，女生一般可以将手伸到脚尖位置，男生却很难做到，这就是女生身体柔韧性比男生好的一种体现。具有良好的柔韧性在一定程度上能够预防肌肉和关节的损伤，而在运动中，主要预防肌肉和关节损伤的方式就是做好热身运动，具体的训练方式如下。

（1）做一些徒手操；

（2）各种压腿和拉伸动作；

（3）海绵垫上伸展练习。

5. 专项技术训练

（1）栏架技术

栏架技术和栏间节奏是男子 400m 跨栏跑专项运动训练的主要内容。男子 400m 栏栏架的高度是 91.4cm，全程一共有 10 个栏，起点到第一个栏的长度是 45 米，每个栏之间的距离是 35 米，最后一栏与终点的距离是 40 米。跟男子 110 米跨栏相比，男子 400 米跨栏的栏架比较低，跨栏技术也相对简单，但是栏间的距离比较长。在栏架技术模仿练习中，可以采用动作分解法，让运动员对跨栏的技术动作有更全面的理解。

400 m 跨栏跑的途中不能像直道栏一样栏间跑 3 步，它的栏间距离较长，跑至中后程的时候，运动员肌肉乳酸堆积，会导致体力下降，于是栏间步数会发生变化，一般这个时候，有经验的运动员会采取栏间多跑一两步的方法。虽然这样的选择会影响速度，但实际上这也是目前为止最有效的防止运动过程中速度下降较快的方法。在跨栏跑运动中，大多数运动员都会采取左右腿交替跨栏的方法。

跨栏技术训练方式如下。

①跨栏技术模仿练习：扶墙起跨腿、过栏腿、提拉腿提拉练习等；
②专门性栏架练习：行进分解过栏练习；
③左右腿过交替过栏练习：100 m 栏 4 步、110 m 栏 6 步等。

（2）栏间节奏

在目前，400 m 跨栏的栏间步数可以分为不同的跑法，分别是单数步型（13、15、17）、双数步型（12、14、16）和混合步型（12、13、14）。每名运动员的身体素质和自身条件都是不一样的，所以，在训练过程中，必须考虑运动员专项能力的特点，据此采取科学有效的方式来进行基本技术的训练，在此基础上，要格外关注运动员左右腿轮番起跨这一技术能力的锻炼和发展，帮助运动员熟练地掌握左右腿跨栏技术，从而在跨栏跑运动的整个过程中，能够做到体力的合理分配。

跟 400 m 平跑运动相比，400 m 跨栏运动对运动员跑步的节奏有更高的要求。这是因为，400 跨栏运动比 400 m 平跑运动多出 10 个栏架的制约，400 m 栏运动员和 400 m 平跑运动员比起来，更强调跑的节奏，这其中最大的原因就是，400 m 栏跑步有 10 个栏架的制约。运动员要将 10 个栏架分割成的 11 个段落跑，因此必须有均匀的体力分配，还要对最高速有所控制，这样才能较大程度上避免 400 m 栏跑中加速或减速所导致的体力分配失控，从而影响最终成绩。

（3）400 m 平跑能力

要提高 400 m 栏跑的成绩，400 m 平跑能力的训练是不可或缺的训练内容。400 m 栏跑与 400 m 平跑的距离相等，同属极限强度运动项目，都需要运动员在短时间内有高爆发力，对运动员身体形态和机能的要求也是极为相似的。

400 m 栏对于运动员的速度、速度耐力、力量、柔韧和协调等身体素质要求，相对 400 m 平跑而言要更为全面。在 400 m 栏的比赛中，往往是 400 m 平跑成绩优秀的运动员有明显的优势。在我国的 400 m 栏训练过程中，没有将 400 m 平跑作为提高 400 m 栏成绩的主要环节，对 400 m 平跑训练的重视程度低于过栏技术训练，没有很好地把 400 m 平跑系统地融入长期的训练中去。而国外的情况与国内是恰恰相反的，他们非常重视速度和速度耐力的训练，将 400 m 训练系统地和专项训练相结合，十分关注 400 m 平跑的成绩。在实际训练中，400 m 平跑训练要与 400 m 栏技术特点结合起来，系统性地一起训练，这样 400 m 栏跑的成绩提高幅度就会大一些。

第二节　青少年跳跃运动功能性动作训练方案设计

一、跳远项目功能性训练方案设计

(一)跳远技术特点

我国著名学者田麦久提出了项群理论,根据这个理论划分,跳远属于体能主导类快速力量型项群。因此,在跳远教学中,运动员的速度力量素质十分关键,在日常训练当中也提出了更高的要求。

跳远的原理是:人体通过快速的助跑和积极的起跳,采用合理的姿势和动作,使身体腾越水平距离的运动。完整的跳远技术由四个环节组成,分别是:助跑、起跳、腾空、落地。在这四个环节当中,助跑的速度与跳远成绩密切相关,助跑的目的是获得最快的水平速度,为找准踏板和快而有力地起跳作准备。在助跑阶段,运动员快速加速的能力和良好速度素质是关键,能够决定助跑的质量,从而影响跳远成绩。

除了助跑,跳远的起跳也是关键技术环节之一,起跳的原理是:充分利用助跑的水平速度,创造必要的垂直速度,以获得尽可能大的腾起初速度和适宜的腾起角度。在起跳阶段,要求起跳腿要快速蹬伸,摆动腿迅速摆动,保持躯干稳定与平衡对腾空步的保持,起着决定性作用。在起跳的过程当中,要将全速助跑与踏跳完美地结合在一起,就需要起跳时既保持快速的水平速度,又能充分获得垂直速度和较大的腾起初速度。要达到速度的最大利用率和最适合的起跳角度,就需要通过踏跳、缓冲、蹬伸、摆动腿屈膝前摆等动作来完成。这四个动作的完成,需要运动员对自己的身体有精确的掌握,要整个身体相互配合,减少因为不和谐动作对能量的损耗,最大程度提高能量利用率,以取得最佳跳远成绩。

腾空是人体向空中腾起并在空中完成各种动作的过程,腾空时要求保持身体的平衡,尽可能地减少能量的消耗,保持向前的动力。但是腾空时容易引起身体的旋转,这是因为起跳时是单侧腿的支撑,而且双侧手臂同时摆动,就容易让人失去平衡。

跳远的落地是最后一个环节,最终的目的是在身体不后倒的前提下,尽量获得较大的落地距离,落地动作质量会影响最终的跳远成绩,落地姿势不对可能导致最后的成绩一落千丈。落地时也有技术要领:两腿伸直,脚尖勾起,两臂在体后,着地后屈膝缓冲,髋关节快速向前移动。在落地阶段,考验的是股后肌群的柔韧性、核心肌群的力量和髋部肌群的伸缩能力。

由此可见，要取得跳远运动的优异成绩，就需要将跳远各个环节技术动作完美结合。在所有环节当中，最重要的是助跑起跳初时产生的速度和爆发力，只有保证速度和爆发力，才能为后续环节提供动力。在跳远运动的过程中，要求运动员对身体多个部位有良好的、精准的控制能力，要精准地完成动作，尽量减少能量的损失，最大限度地提高能量利用率，为取得最佳成绩打下基础。

（二）功能性训练在跳远项目中应用的研究

功能性训练、一般体能训练和专项训练既有不同，又相互联系，这三者相互渗透，互相影响。在跳远教学与训练中，许多学者和教练员将功能性训练成功的运用于日常的一般身体素质训练和专项体能训练之中。

李茹萍和张晶在《跳远运动员功能训练的研究》[1]一文中指出：功能性训练可以通过增强自我控制能力来改善跳远起跳腾空后身体的稳定性和动作的准确性，保证能量的有效传输，从而减少能量外泄，最大限度地提高能量利用率以取得更好成绩。

李文冰、李建臣在《以跳远项目为例分析垫上功能性组合训练的作用与方法》[2]一文中提到：通过垫上的功能性组合训练使肢体在不断变化下寻找平衡，通过大肌群带动小肌群，刺激深层肌肉，动员肌肉参与，使跳远运动员助跑过程中肢体协调配合，使踏跳更为准确、腾空得到更好的控制。同时，机体的协调配合可以减少肌肉代偿，从而预防运动损伤。

综上所述，我们可以得出结论，将功能性训练融入跳远的一般体能训练和专项体能训练之中，对运动员的基本运动能力有很大的改善，对其专项素质也有明显的提高。上述这些研究当中，大多数是针对运动队的竞技能力训练讨论的，研究的深度很高，但研究的广度不是很明显，往往只对功能性训练的某一个方面进行研究，而对于同一项目要素的多方面，就没有研究进行系统的分析。此外，关于跳远运动的研究，还有不足之处，那就是对应用于普通跳远教学的研究也不多，而且很少考虑到运动员本身对训练方案的反馈，只强调教练员对运动员的干预训练。众所周知，在教学活动中，学生的参与与教师的教授都是很重要的，教师只是引导，学生才是主体，因此运动员对于训练的反馈也是不容忽视的一方面。

---

[1] 李茹萍，张晶.跳远运动员功能训练的研究[J].唐山师院学报，2018, 40（3）：97-100.
[2] 李文冰，李建臣.以跳远项目为例分析垫上功能性组合训练的作用与方法[J].文体用品与科技, 2014(21):149-150.

（三）跳远技术特点及对青少年身体基本能力需求分析

跳远在助跑的过程当中要想获得较大的水平速度，就需要运动员在较短的时间内激活自身的神经肌肉，调动机体快速进入高速助跑状态。

在起跳过程中，着地、缓冲、蹬伸是动作的三个阶段。起跳脚着地一瞬间对身体产生很大的冲击力，这是身体助跑时自身的惯性和重力作用带来的。要缓解这样的冲击力，需要起跳腿的髋、膝、踝关节通过屈曲来进行缓冲，缓冲时关节角度过大或过小都会降低起跳效果。这就需要髋、膝、踝关节具有稳定性，如果髋、膝、踝任何一个关节不稳定，就会导致动作的滞后、不连贯。在起跳的过程中，也需要保持脊柱的稳定，这样可以保持起跳后的能量传输最大化利用。所以，在日常的训练当中，要包括髋、膝、踝的稳定性训练及脊柱的稳定性和躯干的控制能力这些内容。

起跳蹬伸阶段包括三个部分，分别是起跳腿蹬伸、摆动腿摆动及双臂向上摆动，这三个部分用来维持身体平衡。起跳腿蹬伸是整个蹬伸过程的动力来源，动作依靠主动肌的调动，蹬伸时要求伸髋，伸髋需要调动的主动肌群是臀肌，包括臀大肌、腘绳肌等。但在平时的练习当中，很多运动员对臀大肌的使用并不能找到诀窍，往往依靠腘绳肌进行代偿，这样的练习方式是错误的，不仅明显降低了肌肉能量的利用效率，还在一定程度上增加了损伤的风险。所以，在日常训练当中，要有意识地加大臀大肌的调动，让臀大肌主动参与到起跳过程中，在迅速有力蹬伸的训练中发挥主要作用。摆动腿屈膝前摆及双臂的向上摆动对加大蹬伸的力量有着重要意义，可以提高起跳速度，加大上摆幅度，同时可以为完成高质量的腾空角度作好准备。可见，要高效完成起跳动作，摆动腿积极有效的摆动及双臂协调有力的配合是前提。摆动腿屈膝前摆时，屈髋肌群力量不足或肌肉紧张是很大的影响因素，摆动腿屈膝前摆的主动肌是髂腰肌和股四头肌，这两个肌群如果数量不足或肌肉紧张，会导致摆动动作质量下降，也就无法完成高质量的前摆，无法控制理想的起跳角度，使最终成绩受到影响。因此，在跳远教学中，教练员要改善运动员屈髋肌群的工作能力，才能纠正运动员起跳角度不够的问题。此外，在起跳整个过程中，身体如果出现侧倾，就会加剧跳远过程中动力的损耗，起跳动作的作用也就被损失大半，所以要维持身体姿势平衡，才能保证起跳质量。造成起跳动作过程中身体出现侧倾的主要原因是：踝关节力量不足，起跳腿支撑、摆动腿前摆时，髋关节在额状面稳定性不足，躯干控制能力弱及肩部运动不对称。这些因素都可能是影响其起跳效果的原因，因此，在训练中改善髋关节、踝关节的稳定性，还有训练肩胛和躯干的控制能力是至关重要的。

腾空要注意的是尽可能保持起跳的动力，身体实现腾空后，伸髋下放摆动腿，同时，起跳腿也随之向后摆动，这时，摆动腿要有动作上的改变，由屈髋转为伸髋，起跳腿也继续做伸髋动作。但是，由于起跳动作的幅度很大，容易引起身体的旋转。所以，在腾空的时候要保持对身体的精确把控，这样才能保持身体的稳定状态，不被之前起跳的一系列动作影响，即便是身体在空中，失去任何稳定支撑点的条件下，也能保证动作幅度和动作姿势的正确完成。因此，要增强身体各部位的精确控制能力的练习，在训练当中找到诀窍，以保证动作的顺利完成。

落地动作可分解为三部分。第一部分是着地前的准备动作，运动员要两腿屈膝高抬，膝关节向胸部靠拢，上体不要过于前倾。第二部分是即将着地时的动作，运动员要膝关节要迅速伸直，使小腿前伸，以足跟先触及地面。第三部分是在脚跟触及地面瞬间的动作，运动员要立即屈膝或迅速挺腹，使身体重心迅速移过落点。一个正确的落地动作，对于跳远成绩的提高有很大作用。在屈膝高抬阶段，对运动员的要求是具备良好的屈髋功能，换句话说，这需要运动员髋关节的灵活性和股后肌群的柔韧性较强。而迅速挺腹这个动作也对运动员的腰腹部力量和稳定性提出了要求，所以，运动员也应该重视腰腹力量和稳定性及髋关节灵活性的练习。

此外，在整个跳远动作是一条完整的动力链，只有每一个动作都做到最大程度对动力的保持，才能得到最好的成绩。如果其中的某一个环节出现薄弱或功能性不良，就会使这条动力链运行不畅，也会使得运动员在跳远过程的每个环节中损失额外动力，降低产生的速度和爆发力，而且，这样的情况还会损伤肌肉和关节。所以在跳远教学中，不仅需要加强运动员在跳远各技术环节中的身体功能练习，还要注重完整流畅的动力链的打造，从而提高能量利用效率，最终达到提高运动成绩的目的。

综上所述，一名优秀的跳远运动员需要具备良好的水平助跑速度、适宜的起跳角度和速度利用率，还需要稳定的腾空和落地动作。这些能力的培养需要身体各部位的协调配合，还离不开神经对肌肉的调动和控制及运动链的完整。

（四）青少年跳远项目功能性训练方案制订

训练内容主要可以从以下几个方面入手：下肢后侧链放松、髋的稳定性与灵活性、单腿稳定性、核心稳定性。将功能性热身手段融入跳远教学的准备部分如表 5-2-1 所示。

表 5-2-1 功能性热身的内容与作用

序号	练习内容	练习目的
1	侧踝走	发展踝关节肌力量,提高踝关节功能性运动幅度和关节稳定性,侧重拉伸肌肉、肌腱、韧带,防止常见的踝关节扭伤
2	侧压跨栏步	拉伸大腿内侧肌群及腹股沟,提高下肢控制能力,优化髋关节控制动作效能
3	站姿提臀勾脚体前屈	拉伸股后肌群,增加脊柱的灵活性
4	手足爬行	拉伸股后肌群和肩背部肌群,提高髋部功能性运动幅度
5	跪步转体—直臂上举侧屈	提高髋部屈肌和核心区肌肉的功能性运动幅度,拉伸髂腰肌等屈髋肌群,增强髋部稳定性,直臂上举侧屈时拉伸背部肌肉,如背阔肌
6	脚跟后低臀—手臂上伸	拉伸大腿股四头肌等肌群,加强本体感觉,提高下肢控制能力,优化髋关节控制动作效能
7	仰卧 90/90 胸椎转体	胸椎灵活性练习提高胸椎的灵活性
8	最伟大拉伸	拉伸腹股沟、髋关节屈肌、大腿腘绳肌、小腿腓肠肌、臀大肌等肌群,提高下肢控制动作能力,优化下肢和身体前链、后链和转动链控制动作效能
9	快速反应—小碎步跑	神经激活,提高神经系统的兴奋性,锻炼肌肉的快速反应能力
10	快速反应—左右跳	神经激活,提高神经系统的兴奋性,锻炼肌肉的快速控制能力

拉伸运动可以使肌肉伸缩交替变化,有效激活关节周围的小肌肉群,小肌肉群被激活之后,可以迅速参与到稳定和支持关节的工作中去。拉伸运动对于训练有许多好处。第一,动态拉伸动作练习能够通过对肌肉、关节韧带的拉伸及体温的升高,发展关节活动度与肌肉柔韧性。在动态运动中需要肌肉与关节的配合,这个时候关节活动度与肌肉柔韧性就十分重要。除此之外,拉伸运动还能降低肌肉黏滞性,从而预防运动损伤。第二,能增加肌肉的弹性和爆发力,拉伸运动可以说是运动过程的准备工作,它可以使得运动器官更快地进入工作状态,提高肌肉工作能力,从而使运动更高效。第三,通过一些分腿或单腿的动态稳定性练习,可以加强身体在运动中的关节位置感觉和肌肉运动感觉,能够唤醒、激活肌肉中的本体感受器,从而在运动中更好地调整肌肉的力量,通过肌肉力量来完成运动过程当中的技巧,这也能增强身体的意识和控制能力,在运动的过程当中也能够更高效。神经系统兴奋性在一定程度上对于运动有促进作用,它的提升能够加强运动中枢系统之间的相互协调,使完成动作更加有序、准确且协调。这样可以使身体的运动能力与运动效率提高,也为接下来的跳远教学活动或训练作好准备。

跳远教学基本部分功能性练习手段安排如表 5-2-2 所示。

表 5-2-2　跳远教学基本部分功能性练习手段安排

阶段	第一阶段	第二阶段	第三阶段
学时	第 1~4 学时	第 5~6 学时	第 7~8 学时
练习目标	动作准备	核心稳定与发展	动作整合
练习手段（每个阶段的所有练习手段）	1. 单腿硬拉接正面蹬箱 2. 跳箱交换腿跳 3. 弹力带弓步走 4. 弓步换腿跳 5. 弹力带挺身跳 6. 仰卧屈膝交替伸腿 7. 坐姿正面快速收腹 8. 悬吊举腿	1. 臀桥 2. 跪姿向后伸腿 3. 双臂上举木杆高抬腿跑 4. 弓步摆腿蹬箱 5. 原地（或跳箱上）单腿蹲	1. 四步助跑后单腿跳栏架 2. 高抬腿垫步跳
练习目的	提高髋、膝、踝的稳定性及动作控制能力，巩固跳远基本的动作，为的基本技术形成奠定基础	增强腿部及腰腹核心力量，加强动作控制能力，提高能量利用率	提高踏跳的节奏和上板的准确性

二、跳高运动功能性训练方案设计

（一）跳高运动概述

1. 跳高项目简介

跳高项目分为男子跳高和女子跳高，是田径运动田赛跳跃类项目中的一项。从跳高项目出现以来，跳高方式也一直改变，背越式跳高技术出现于 20 世纪 60 年代末期，这使跳高运动水平有了质的飞跃。在 20 世纪 70 年代到 90 年代之间，各国优秀跳高运动员频繁打破世界纪录，在这二十年间，打破的世界纪录高达十八次，这在竞技体育的历史上是罕见的。跳高作为正式的比赛项目出现在奥运会、世界田径锦标赛、世界杯赛上。在这些赛事当中，美国、俄罗斯、英国、德国、古巴和意大利等国基本上可以瓜分这些田径跳跃类项目的奖牌。这些田径强国之所以可以做到这样，和他们一直以来的适合当今世界跳高运动发展的管理制度有关，更重要的是其拥有科学先进的训练方法和手段，以及大量科研人员的不懈努力。除此之外，不可忽视的一点就是：这些体育强国大都重视青少年运动员的选材和青少年阶段的训练。在我们国家，也有三人五次打破三种跳高姿势世界纪录的优异成绩。第一人是我国优秀的女子跳高选手郑凤荣，1957 年她率先打破了跳高世界纪录，震惊了全世界。第二、三人是倪志钦和朱建华，他们二人分别于 1970、1983 和 1984 年，四次打破了男子跳高世界纪录。在他们二人当中，朱建华又是其中最具代表性的，他从 10 岁起跟随胡鸿飞教练训练，在少年儿童时期就打下了坚实的基础，为他之后三破世界纪录作了充分的准备。这些成绩是一种荣誉，也代表了一种可能，在田径赛场普遍被白种人和黑种人垄断的情况下，黄种人特别是中国人也能打破这种垄断。跳高是中国人展示中国人风采的项目之一，对提升我国竞技体育在世界上的地位意义重大。

2. 跳高项目的规则特征

虽然现绝大多数运动员采用背越式的过杆技术动作过杆，但是跳高这项体育运动经过百余年的发展，过杆技术动作有很多种，如跨越式、剪式、滚式、俯卧式、背越式等。跳高比赛的规则是这样的：一般由主裁判设定起始高度，跳高横杆每轮至少提高 2 cm，直到决出胜负，产生冠军。跳高运动员可以选择自己的跳跃时间点、起跳高度，如果三次试跳同一高度并且没有过杆的话，就会被判定为失败，迎接淘汰，而选手成功越过的最高高度会被记录为最终成绩。

奥运会跳高比赛分为小组赛，通过小组赛的人就可以进入决赛。如果达到及格标准的运动员太少，还不足 12 人的话，不足的人数按及格赛成绩递补。跳高比赛当中也会出现选手最好成绩相等的情况，这个时候评定的标准如下：第一，出现在成绩相等的高度上，试跳次数较少者的人分高；第二，如成绩继续相同，以试跳失败次数比较少者名次在前；第三，如成绩仍然相同，当涉及第一名时，进行加时赛确定冠军人选，其余名次并列。

跳高比赛中运动员每次跳过的高度均为有效成绩，如有犯规，成绩不能算数。下列为犯规条件，选手有下列之一情况即为犯规：（1）使用双脚起跳；（2）由于运动员的试跳动作致使横杆未能停留在横杆托上；（3）在越过横杆之前，身体触及立柱前沿垂直面以外的地面或落地区，但如果裁判员认为运动员并没有受益，则不应由此而判该次试跳失败；（4）无故延误时限；（5）当裁判员通知运动员试跳开始后，运动员才决定免跳，当时限已过时，应判该次试跳失败；（6）试跳时，运动员有意用手或手指把即将从横杆托上掉下的横杆放回；（7）无故错过该次试跳顺序。

跳高横杆可用玻璃纤维、金属或其他适宜材料制成，长度为 3.98~4.02 m，最大重量可达 2 kg。跳高落地区至少长 5 m，宽 3 m，助跑道长度不限，最少为 15 m。如果条件许可，可设扇形助跑道，长度不小于 20 m。跳高架应有足够的高度，须配稳定放置横杆的横杆托，两立柱之间距离为 4~4.04 m。

3. 跳高项目的体能特征

（1）身体形态特征

背越式跳高运动，对运动员的身高、体重等形态指标有较高的要求。世界水平的跳高运动员，基本都有这样的特征：身材高、体重轻、下肢长，身体的围度和宽度较小，臀部肌肉紧缩呈上翘状，跟腱长，足弓高，脚掌富有弹性，等等。

从身体组成中脂肪的比例，可以推测出身体的脂肪率，跳高运动员的脂肪率比一般人低很多。但是，最低限度的脂肪也是必需的。跳高运动员在跳高的过程中，体重轻可以帮助他们更好地跳高。在身体中，肌肉发挥力量，而脂肪只会增加体重，所以跳高运动员需要较少的脂肪。个子高的人作为跳高选手是有利的，但也有个子矮但运动能力出色的选手。在这种情况下，相对于个子的高低，更重要的是选手能跳多高。

身体素质包括的内容有肌肉力量、速度、耐力、爆发力、协调性和柔韧性等要素。其中肌肉力量、爆发力、速度和协调性与跳高联系最为密切，这些要素在运动员身上平衡发展是必要的，尤其是初中和高中时期，教练员要监督他们要进行各种各样的运动，从而增强各种身体素质的要素。

（2）身体机能特征

①短距离快速能力强

快速能力是以人在最短时间内发挥肌肉力量的能力为基本特征，是神经肌肉系统在高速度下克服阻力的能力。要想在短距离内实现速度的爆发性提升是很难的，但这却是优秀跳高选手所必需的身体机能之一。

②无氧代谢能力强

无氧代谢是指肌肉里糖的分解和释放能量的过程当中，没有氧气的参与。人一旦开始运动，体内预存的热能物质 ATP 只够用 15 s 的，再继续运动的时候，因为氧气的供给无法快速跟上消耗，所以体内糖分只能在无氧的条件下，迅速合成新的 ATP 来供能。时间短强度高的肌肉运动，大多以无氧代谢为主。

（3）专项运动素质

跳高运动员的运动素质以速度、力量及弹跳力为重点，除此之外还包括耐力、柔韧、灵敏和协调能力等三个方面。

进行爆发力的训练对提高运动员的技术起着关键性作用。我国运动员的速度素质相对于其他指标而言是优异的，在跳高比赛当中，速度素质也是很关键的因素之一。但是在我国运动员之间，速度素质还存在较大的差距，因此训练的目标还是应该放在进一步加强运动员的速度素质上。跳高项目在一定程度上来说，需要的是速度和起跳的完美结合，只有这样才能使运动员获得尽可能大的垂直初速度，让运动员取得更加优异的运动成绩。

（二）青少年跳高运动功能性力量训练方案制订

1. 最大力量训练

比赛中出色的结果是需要通过刻苦的训练去实现的，在每天的训练中，运动员的竞技能力都将有所提高，竞技能力的获得是"周"和"课"训练计划的具体落实。训练中最主要的训练方法就是重复训练法、极限强度法、极限次数法、静力性训练法及等动训练法。在青少年跳高训练中，减少金字塔训练、让步性训练的使用，增加重复训练、等动训练、极限强度训练等，可以提高学生的最大力量。训练计划是以 7 天为一个小周期来循环的，每周安排 6~7 次训练课（表 5-2-3）。

表 5-2-3　最大力量训练安排

星期	训练内容
星期一	1. 准备活动 20 min 2. 高翻 40 kg×5 次 ×5 组 3. 半蹲 120 kg×5 次 ×1 组，160 kg×5 次 ×1 组，190 kg×5 次 ×1 组 4. 半蹲跳 70 kg×6 次 ×1 组 5. 三步起跳 30 m×6 次 ×1 组；跨步跳 30 m×6 次 ×1 组 6. 30 m×3 组；60 m×2 组；100 m×1 组
星期二	1. 准备活动 20 min 2. 助跑 ×15 次 ×1 组；跳高 ×15 次 ×1 组
星期三	1. 准备活动 20 min 2. 抓举 40 kg×5 次 ×5 组 3. 全蹲 70 kg×2 次 ×1 组，90 kg×2 次 ×2 组 4. 半蹲 120 kg×3 次 ×1 组，150 kg×5 次 ×1 组 5. 半蹲跳 40 kg×7 次 ×1 组，40 kg×9 次 ×1 组 6. 三步起跳 30 m×6 次 ×1 组；十步单足跳 30 m×6 次 ×1 组；跨步跳 30 m×6 次 ×1 组 7. 30 m×5 组；60 m×4 组；100 m×3 组；弯道跑 30 m×3 组
星期四	球类活动
星期五	1. 准备活动 20 min 2. 站高 ×15 次 ×1 组；助跑 ×15 次 ×1 组；跳高 ×15 次 ×1 组
星期六	1. 准备活动 20 min 2. 挺举 40 kg×4 次 ×5 组 3. 负重弧线跑 20 kg×12 步 ×6 组 4. 三步起跳 30 m×6 次 ×1 组；跨步跳 30 m×6 次 ×1 组 5. 30 m×3 组；60 m×3 组；100 m×10 组
星期日	休息

不断创新和科学运用训练手段，对推动竞技水平的提高有很关键的作用。应该加强在整个训练过程中对力量训练的重视，以周为单位，每周安排三次力量训练课，力量训练手段主要包括高翻、半蹲、半蹲跳、挺举和抓举等。在选择和设计力量训练要注意以下问题：一是以注意力量和速度的紧密结合，除了重视快速力量的发展，还要重视抗阻力的力量训练，如半蹲、负杆弧线跑，在保证技术动作正确的前提下，还要注意完成动作的速度；二是力量训练负荷的安排上，每堂力量训练课的训练量都在 2200 kg 以上，强度呈现"高—高—低"的趋势。

2. 快速力量训练

运动员的爆发力，简单来说就是运动员能够在最短时间里展现的力量，快速用力法、传统爆发力训练方法、复合训练法、超等长练习法、反应力量训练法、最大向心——离心用力法、退让性训练法等是主要的训练方法。快速力量的练习负荷的量一般不能太大，所以必须安排在运动员身心状态良好的时候进行，在强度安排上要实行阶梯状，可以大中小结合，一旦运动员出现疲劳就立即停止。

在选择和设计力量训练的方法和手段时，要注意以下几个方面。

首先，注重方法和手段的组合应用。统观整个训练计划，力量训练有许多种方法，涉及了快速用力法、超等长训练法、退让性练习法、最大向心——离心用力法等，而每种训练方法都对应着不同的训练手段，各种方法和手段进行在组合的过程当中，就可以避免运动员局部疲劳的过早产生。其次，注重处理好力量训练环节和整个训练过程之间的关系。整个训练中，既有下肢力量的练习，又有上肢力量的练习；既有起跳腿的练习，又有摆动腿的练习；既重视大肌肉群的力量练习，又注重小肌肉群的力量训练。在强度的搭配上做到了阶梯型，大中小强度相结合，在每次、组的练习结束之后，重视运动员的恢复，避免运动员在疲劳时进行各种力量练习，从而导致其受伤的情况出现。再次，注重速度和力量的结合。快速力量的练习虽然十分必要，但是要考虑负荷强度的要求，也对练习时的动作速度提出了严格的要求。最后，注重体现力量的专项化特点（表 5-2-4）。

表 5-2-4　快速力量训练

星期	训练内容
星期一	1. 准备活动 20 min 2. 高翻 40 kg×5 次 ×1 组，40 kg×4 次 ×1 组，40 kg×3 次 ×1 组，40 kg×2 次 ×1 组，40 kg×2 次 ×1 组 3. 半蹲 120 kg×5 次 ×1 组，160 kg×5 次 ×2 组 4. 三步起跳 30 m×6 次 ×1 组；跨步跳 30 m×6 次 ×1 组 5. 30 m×3 组；60 m×2 组；100 m×1 组

(续表)

星期	训练内容
星期二	1. 准备活动 20 min 2. 助跑 ×15 次 ×1 组；跳高 ×15 次 ×1 组
星期三	1. 准备活动 20 min 2. 抓举 40 kg ×5 次 ×5 组 3. 全蹲 60 kg ×2 次 ×1 组，70 kg ×3 次 ×1 组，90 kg ×3 次 ×1 组 4. 半蹲 120 kg ×8 次 ×1 组，150 kg ×5 次 ×1 组 5. 三步起跳 30 m×6 次 ×1 组；十步单足跳 30 m×6 次 ×1 组：跨步跳 30 m×6 次 ×1 组 6.30 m×5 组；60 m×4 组；100 m×3 组；弯道跑 30 m×3 组
星期四	球类活动
星期五	1. 准备活动 20 min 2. 站高 ×15 次 ×1 组；助跑 ×15 次 ×1 组；跳高 ×15 次 ×1 组
星期六	1. 准备活动 20 min 2. 挺举 40 kg ×4 次 ×5 组 3. 负重大步跑 40 kg ×20 步 ×6 组 4. 三步起跳 30 m×6 次 ×1 组；跨步跳 30 m×6 次 ×1 组；跳栏架 10 架 ×10 次 ×1 组 5.30 m×3 组：60 m×3 组；100 m×10 组
星期日	休息

3. 力量耐力训练

所谓的力量耐力主要指的是人体肌肉在运动过程中不断克服阻力的能力，通常情况下力量耐力受多方面因素的影响，如生理、心理及训练等。首先，从生理角度而言，人体肌肉在运动过程中对氧气的需求量是否得到满足；其次，从心理角度而言，人的力量耐力水平受自身意志品质的影响，且二者呈正相关；最后，从训练角度而言，运动员的训练是否合理、训后是否得到有效恢复等都会对其产生较大的影响。所以，想要提升运动员的力量耐力水平需要进行适当的训练控制。

从表 5-2-5 所示中可以看力量耐力训练的详细情况，从训练侧重点上来看，整个训练过程十分重视力量训练，共计安排了三天的力量训练量。力量训练的方式方法也比较多，如挺举、半蹲、三步起跳等。从表格中不难发现，三次力量训练设计中有一定的相似之处，从具体上来讲其主要体现在以下几个方面。第一，采用循环训练的方法。如半蹲跳（力量）+30 m 加速跑＋高翻＋三步起跳组合起来的循环力量训练，这种方法有利于全面、协调、渐进地提高专项素质和技术水平。第二，训练手段的组合采用"由易到难"的原则，例如：力量练习手段由蹲跳、负重蹲跳到负重弧线跑的逐渐过渡、第三，体现在力量训练的负荷安排上，每次力量训练课的量基本在 2200 公斤以上，而强度与前两个阶段差距不大。

表 5-2-5　力量耐力训练

星期	训练内容
星期一	1. 准备活动 20 min 2. 高翻 40 kg×5 次 ×5 组 3. 半蹲 120 kg×5 次 ×1 组，160 kg×5 次 ×1 组，190 kg×5 次 ×1 组 4. 半蹲跳 70 kg×6 次 ×1 组 5. 三步起跳 30 m×6 次 ×1 组；跨步跳 30 m×6 次 ×1 组 6. 30 m×3 组；60 m×2 组；100 m×1 组
星期二	1. 准备活动 20 min 2. 助跑 ×15 次 ×1 组：跳高 ×15 次 ×1 组
星期三	1. 准备活动 20 min 2. 抓举 40 kg×5 次 ×5 组 3. 全蹲 70 kg×2 次 ×1 组，90 kg×2 次 ×2 组 4. 半蹲 120 kg×3 次 ×1 组，150 kg×5 次 ×1 组 5. 半蹲跳 40 kg×7 次 ×1 组，40 kg×9 次 ×1 组 6. 三步起跳 30 m×6 次 ×1 组：十步单足跳 30 m×6 次 ×1 组：跨步跳 30 m×6 次 ×1 组 7. 30 m×5 组；60 m×4 组；100 m×3 组；弯道跑 30 m×3 组
星期四	球类活动
星期五	1. 准备活动 20 min 2. 站高 ×15 次 ×1 组：助跑 ×15 次 ×1 组：跳高 ×15 次 ×1 组
星期六	1. 准备活动 20 min 2. 挺举 40 kg×4 次 ×5 组 3. 负重弧线跑 20 kg×12 步 ×6 组 4. 三步起跳 30 m×6 次 ×1 组；跨步跳 30 m×6 次 ×1 组 5. 30 m×3 组；60 m×3 组：100 m×10 组
星期日	休息

4. 稳定性力量训练

通常情况下，运动员稳定性力量训练所采用的方法也比较多，往往在各种垫上进行徒手训练，此外稳定性力量训练的方法也常常采用平衡板、瑞士球、气垫等训练工具，另外稳定性力量训练也可以采用跨栏跑、悬吊练习的方式方法。其中跨栏跑训练方式是 20 世纪末青少年跳高运动员训练稳定性力量的重要方法。从运动训练角度来讲，跨栏跑对运动员的下肢稳定性力量和躯干稳定性力量有较高的要求，而跳高运动项目同样对运动员的这两方面的身体素质有较高的要求，为此跳高运动员通过跨栏跑的训练方式方法可以快速获得下肢和躯干的稳定性力量，使其在运动过程中有效地保障肢体间的力量传递，从而提升运动员的运动竞技水平。

如表 5-2-6 所示，计划在训练课的后半部分安排了稳定性力量训练，例如各种徒手垫上练习、瑞士球、平衡板练习等。各种徒手垫上练习较适用于处在基础训练阶段的运动员，而当其稳定性力量提高后则采用跨栏跑来发展稳定性力量训练。由于跨栏跑较复杂，对运动员的身体素质要求较高，因此，比较适用于有一定训练基础的运动员，即处在初级专项训练阶段和专项提高训练阶段初期的运动员。

表5-2-6 稳定性力量训练

主要任务	课时计划范例
提高稳定性力量	准备部分： 1. 慢跑1600 m； 2. 摆、压腿练习； 3. 加速跑、小步跑、后蹬跑（30 m×3次×1组）； 4. 跨栏专门练习：3个栏专项技术训练。（栏侧、栏中）各三组。 基本部分： 1. 球类活动 2. 稳定性力量练习 （各种徒手垫上练习、瑞士球、平衡板练习等） 结束部分： 放松跑10 min；静力牵拉练习5 min。

需要注意的是以上谈到的稳定性力量训练方法适用于年龄在13~19岁的运动员，其中，跨栏跑除外。跨栏跑适用于年龄在16~19岁的运动员。

5. 各种力量训练方法的组合与运用注意事项

（1）不同力量素质训练的先后顺序

通常情况下在一次力量训练课上会安排两种及以上的训练内容，且力量素质安排要做到科学合理。首先，当运动员的中枢神经系统处于高度兴奋的情况下，我们会安排最大力量和快速力量训练内容，但是在安排此方面力量素质训练内容时，务必要结合运动员的实际情况，快速力量和最大力量素质训练的组数、次数及时间应当适量。其次，当运动员在经过一段时间力量素质训练身体达到疲劳时，此时要结合运动员的身体情况进行相对力量、稳定性力量及力量耐力方面的训练内容，同时在此方面力量素质训练时，也应考虑运动员的身体情况，力量训练不要超过运动员身体技能的承受限度，避免产生不必要的运动损伤。

（2）力量素质的专项化运用

在进行力量素质训练时，应当将训练内容、方法与专项运动特征相结合。例如跳高运动项目，该项目对运动员的爆发力、稳定性力量及力量耐力等方面有较高的要求。此外，最大力量对于提升运动员其他方面的力量素质水平有重要作用，它是其他力量素质发展的前提与基础。此外，对于跳高运动员而言，相对力量同样十分重要，它是帮助运动员完成完美腾空动作的保障。在跳高运动力量素质训练中有许多方法均是结合了运动项目的专项特征，如"负重弧线跑"，通过"负重弧线跑"的方法可以较快提升跳高运动员的弧线助跑能力。

（3）力量素质与专项能力间的转换

从根本上来讲，力量素质训练的最终目的是提升运动员的专项运动水平，所以在对运动员进行力量素质训练时，务必要关注力量素质与专项运动水平之间的转换训练。例如在跳高运动力量素质训练结束时，进行一定量的速度训练（30 m、60 m 100 m），从而使力量运动员的力量训练与专项运动水平之间实现训练转换，并不断提升跳高运动员的助跑能力。另外，在训练过程中还可以采用交替安排的方式对力量训练与专项技术训练课进行合理安排，从而使力量训练为运动员专项技术提升而服务，最终不断提升运动员的专项运动能力。

（三）功能性训练在青少年撑竿跳高项目中的应用

1. 功能性训练中的核心稳定性训练

核心稳定性是指在运动中控制骨盆和躯干部位肌肉的稳定状态，使力量的产生、传递和控制达到最佳化的一种能力。撑竿跳高项目力量的传导与竿子势能转换一直是撑竿跳高取得好成绩的重要环节，而撑竿跳高运动员在空中的悬垂摆体和伸展拉竿过竿都需要身体稳定性来保持人体空中动作的准确性、动作幅度以获取竿子最大的势能。

韩捷在《功能性训练对龙舟课程教学的促进作用探究》[1]中，核心稳定性训练基本用以下方法：第一，基本的徒手练习，如俯卧撑、侧姿臂撑和肩桥撑等；第二，运用一些单一器械如平衡球、平衡板、瑞士球和弹力绳等进行不平衡性的自重练习，可以有效使身体各部位深层肌群参与训练；第三，利用特定的器械如平衡软踏、泡沫轴、抗力球、核心板和普拉提进行身体的平衡与稳定性的练习，增加对身体的控制能力等；第四，综合性训练，身体功能的连贯性、与动作的完整性训练大幅度提高，如坐瑞士球和拉弹力绳，锻炼运动员的身体平衡与控制能力，动态中运动技能的完成质量，更加接近专项比赛特点。撑竿跳高项目更是如此，通过该部分的训练提高核心区肌肉的稳定性，在腾空后接竿上动作时，可以使悬垂摆体、伸展和拉竿过竿动作高质量完成。这一部分训练主要集中在躯干前部分

---

[1] 韩捷. 功能性训练对龙舟课程教学的促进作用探究. 产业与科技论坛，2014，13（19）：192-193.

的肌肉力量训练，通过不稳定、开链式动作设计，结合撑竿跳高项目的竿上的动作技术要求增加在腾空状态下腹直肌、腹外斜肌、腹内斜肌和髂腰肌的收缩力量，为竿上动作的完成创造良好的条件。

2. 功能性训练中的平衡能力训练

所谓的人体平衡能力，主要指的是人体自身保持平衡性的一种能力，从某种意义上来讲，它是人体的一项重要生理机能。通常情况下影响人体平衡性能力的因素有多方面。首先，从生物力学方面来讲，人体平衡能力主要受支撑面、重心及体重等方面的影响，如支撑面的面积、支撑面的稳定性、重心的高度等。其次，从生理学方面来讲，人体平衡能力主要受视觉、本体感受系统、神经中枢及前庭器官等影响。同样以跳高运动为例，从整体上来讲跳高运动需要运动员在借助撑竿起跳获得重力势能的基础上，在空中做出各种动作，最终完成过杆，在跳高的整个动作过程中，运动员是否能够顺利过杆，在很大程度上取决于运动员在空中对自身动作的控制情况，而这对运动员自身的平衡能力有较大的关系。通常情况下，运动员平衡能力的训练往往会运用到瑜伽球、平衡板等平衡性训练道具，与此同时运动员平衡能力的训练方法还可以采用"闭眼单脚支撑""闭眼三方向弓箭步"等方法。通过这些训练方法在极大程度上可以提升运动员的前庭器官功能，同时也提升了运动员核心区域的协同肌，进而提升运动员的平衡能力。（表5-2-7）

表5-2-7 动作名称训练目的动作说明

动作名称	说明
平衡垫仰卧卷腹举腿	强化腹肌快速收缩伸展能力：躺在平衡垫上双手伸向耳后，做撑竿握竿动作，后卷腹伸展
瑞士球侧卧伸展	强化腹肌内斜肌、腹外斜肌：瑞士球放在侧腰部，侧卧姿势成一条直线，控制和还原交换位置
双脚踩在瑞士球挺身	强化腰、臀、股二头肌群：双脚固定在球面上，背部着地进行挺髋动作，维持身体平衡
单杠悬垂摆体	强化肩、腰、在空中的稳定与动作的准确：双手成握竿姿势，然后进行摆动后卷腹收腿并保持姿势
单脚半蹲燕式平衡（闭眼）	强化本体位置与平衡的能力：单脚站立半蹲双手向前伸展闭眼

第三节 青少年投掷运动功能性动作训练方案设计

一、投掷项目特点

（一）从运动训练学的角度分析现代投掷项目训练

"运动训练学"是20世纪60年代末期在国外兴起的一门新的交叉学科，我国在20世纪70年代末期引进，在20世纪80年代初初步形成了该学科的理论体系并已在较大范围内产生了影响。由于该学科所阐述的基本原理对训练实践起着直接的指导意义，所以对教练员更具实用价值。

运动训练学所包含的内容较多，共计包含五个方面，具体如下：运动训练原则、运动训练方法、运动训练内容、运动训练的计划与安排及运动训练负荷。从训练层次角度来讲，可以将运动训练学划分为三个层次：一般训练学、项群训练学、专项训练学。

从投掷运动本身而言，它具有纯竞技的性质。针对投掷运动项目的纯竞技性特点，在训练中要始终将提升运动员的专项竞技能力作为训练目的，为此在训练中需要采用一定训练手段来提升运动员的专项身体素质。然而需要注意的是投掷运动项目一切训练都要建立在技术训练的基础上，这也是提升投掷运动员专项竞技能力的根本所在。

从某种意义上来讲，加强投掷运动员专项技术训练具有一定的科学性，它不仅符合投掷运动科学训练规律，同时也符合青少年运动员生长发育训练规律，即"从小抓技术训练"。从某种程度上来讲青少年更容易掌握专项技术，这为青少年运动员以后的专项竞技水平的提升奠定了良好的基础。另外，身体素质和专项技术之间存在辩证统一的关系，高水平的专项技术是优化青少年运动员身体素质的前提与基础，为此要加强对投掷运动员专项技术的训练，使其与身体素质形成协调发展的局面。

（二）投掷项目力量素质训练特点

目前投掷运动所包含的项目主要有以下几种：铅球、铁饼、链球、标枪等，这些投掷运动项目所包含的技术环节主要有四方面：握持器械、助跑、最后用力、器械出手后平衡，在这四个技术环节中的助跑、最后用力直接影响了项目的成绩。从人体解剖学的角度来看，这两个环节主要有以下人体结构参与：踝关节、膝关节、髋关节、脊柱、肩关节、肘关节，以及这些关节周围的肌肉群，为此在对运动员进行绝对力量训练的过程中还要加强对以上肌肉群的专项力量训练。也就是在对运动员进行原动肌训练时，还要注重对运动员原动肌周围对抗肌的训练，从而提升原动肌与对抗肌的协调机能。之所以加强二者协调训练，主要是由于技术环节在发生变化时，虽然仍可以为同样的原动肌，但是对抗肌、中和肌、固定肌会随着技术环节的变化而变化，为此在对投掷运动员进行力量素质训练时，需要充分利用好解剖学原理。

对于投掷运动项目而言，力量素质在投掷项目技术环节中具有十分重要的作用，力量素质直接影响运动员的竞技水平。为此力量素质训练方法的制定与实施务必要与投掷运动项目的动作结构一致，只有这样才能最大程度上提升相关肌群，如原动肌、对抗肌、中和肌等。从某种程度上来讲，超负荷的运动训练可以深度刺激肌肉，使其产生更加强大的神经冲动，但是超负荷力量训练需要遵循循序渐进的原则，防止过度增加阻力而导致肌肉损伤。此外，只有保持多样化的力量素质训练方法才能高效提升肌肉训练效果，从具体上来讲可以采用"超等长练习+等长练习"交替练习的训练方式，在这种训练方法下，运动的肌肉会形成近固定和远固定的收缩方式。除此之外，青少年投掷运动员肌肉力量素质训练的顺序也因人而异，通常情况下取决于运动员自身的身体素质以及运动竞技水平，从而决定上下肢力量、伸肌群和屈肌群的顺序。

（三）投掷项目共同的力学原理

（1）初速度对于投掷运动员的成绩有十分重要的作用，同时也是决定投掷运动员竞技水平的重要因素。初速度主要是在器械出手前通过助跑、旋转滑步的方式获得。运动员在助跑的作用下获得最大速度，而后进一步对器械增加力量，从而使器械的速度最大化，这为后面的技术环节打下了良好的基础，也是运动员最后发力动作的前提。

（2）在技术要求上，运动员投掷出器械后，共同遵循着向投掷方向逐渐加速，保持动作的连贯性的原则，中间任何技术环节，都不能有停顿，保证动作的连贯性和流畅性，从而获得了更可能大的末端速度和最大的器械出手的初速度，为获得更好的运动成绩奠定基础。

（3）投掷器械后，人和器械共同起动后，在获得预先速度和初始速度的基础上，通过最后用力动作，使器械获得进一步的加速度，达到最大速度。

（4）在标枪、铅球、链球和铁饼等所有的投掷项目中，都是通过自上而下的鞭打动作和自下而上的动量传递来完成发力,这种用力方式在最后的过程中完全展现出来。

(5)投掷项目有一个共性就是在最后用力阶段和发力顺序是相同的——蹬、挺、转、抬、投、打,都是要求在器械出手前,使用正确而适当的超越器械的姿势,借以加大有效用力的工作时间,延长器械的工作距离,向尽可能远的地方掷出,为的是获得更好的运动成绩。

(6)以"右手投掷"为例进行分析,"左撑"技术是否正确对最后用力技术环节十分重要,这缘于其"固定"和"支撑"的作用。从具体上来讲,正确的"支撑"动作技术可以保障运动员在器械出手时减少预先速度和初始力量损耗,从而使投掷动作可以做到完美,进而使器械在最后用力的作用下进一步加速。

二、青少年原地推铅球运动功能性训练方案设计

(一)原地推铅球的释义

原地推铅球即在直径为 2.135 m 的投掷圈内以单手持握铅球于肩轴线前,将铅球抵于下颌或者是颈部位置,站于投掷圈后部内沿处经原地蓄力(不滑步、不旋转),发挥全身最大力量以自下而上的用力顺序,利用合理的出手角度将铅球从肩上推出,并使铅球落在 34.92° 的扇形投掷区中,最终以远度决定成绩。(图 5-3-1)

图 5-3-1 原地推铅球示意图

(二)青少年原地推铅球运动功能性训练方案制订

1. 身体基本运动功能训练

从某种意义上来讲,身体基本运动功能训练对于运动员而言具有十分重要的作用,其中身体的稳定性和灵活性是人体运动的前提与基础,所以在训练时,需要着重关注人体稳定性和灵活性的训练,为后续专项运动功能训练打下坚实的基

础。通常情况下身体基本运动功能训练主要包括以下内容：上下肢稳定性训练、核心稳定性训练、身体柔韧性训练、基本动作模式训练等。

其中上肢稳定性训练具有十分重要的意义，通常情况下主要有以下几种训练方法。

（1）站姿 Y 字形练习

（2）站姿 T 字形练习

（3）站姿 W 字形练习

（4）站姿 L 字形练习

（5）俯卧瑞士球 Y 字形练习

（6）俯卧瑞士球 T 字形练习

（7）俯卧瑞士球 w 字形练习

（8）俯卧瑞士球 L 字形练习

（9）跪姿俯卧撑练习

（10）直膝俯卧撑练习

核心稳定性指的是人体核心区域的稳定，核心是上下肢运动的支点，在人体运动中具有重要作用，良好的核心稳定性可以维持躯干的重心变化，有效保障能量的传递，完成完整运动链的参与，原地推铅球是由下肢经躯干到上肢的作用于 5 kg 铅球的运动形式，良好的核心稳定性不但可以提高运动表现，还能有效防止运动损伤，通过分析研究，选择了以下训练方法。

（1）膝撑平板支撑

（2）脚撑平板支撑

（3）俯卧推球

（4）伸手式平板支撑

（5）时钟式平板支撑

（6）平板划船

（7）平板侧撑

（8）直线单膝跪地稳定下劈

（9）直线单膝跪地上拉

（10）弓步姿势下劈

下肢稳定性在原地推铅球中占据重要地位，最后用力动作中髋的快速转动、腿的积极蹬转及脚掌的积极蹬伸都需要在瞬间完成，对下肢稳定性具有较高要求，通过分析研究，选择了以下训练方法。

（1）自重深蹲

（2）高脚杯式深蹲

（3）双脚垫高的哑铃硬拉

（4）分腿蹲

（5）后脚抬高分腿蹲

（6）单腿深蹲

（7）弓箭步

（8）侧步蹲

（9）弹力带侧跨步

（10）单腿直腿硬拉

2.身体一般运动功能训练方法

原地推铅球是以磷酸原系统供能为主，经原地蓄力短时间内发挥全身力量将铅球掷出，根据项目特征，在发展一般运动功能是只选择了一般速度中的动作速度、一般灵敏及一般力量（上肢力量、核心力量、下肢力量）进行训练。

一般速度中的动作速度与一般灵敏训练中，使用了绳梯的练习，比如三拍宽滑步加停顿、快速滑步、前交叉步、后交叉步、进进出出（向前、向后、向左、向右）、剪刀布及扭髋。

针对上肢力量进行训练时，应保证多维度多环节，结合原地推铅球的推，在方法的选择上也应呈现生物力学的特点，近固定与远固定动作相结合，使受训者肢体均衡发展，避免两侧肌肉力量失衡引起运动损伤。通过分析研究，选择了以下训练方法。

（1）宽距俯卧撑

（2）窄距俯卧撑

（3）俯卧撑拍掌

（4）单膝跪地交替壶铃推举

（5）站姿交替哑铃推举

（6）杠铃平板卧推

（7）杠铃上斜卧推

（8）哑铃卧推

（9）哑铃上斜卧推

（10）引体向上

核心力量是人体在整体运动过程中的重要保障，核心力量的塑造可以更加完美地将上肢力量与下肢力量相结合，为人体完成运动提供强有力的枢纽作用，对于原地推铅球而言，就能更好地将人体储存的力量从下肢过渡于上肢，从而完成整个运动环节，因此，在具备核心稳定的基础上发展核心力量将取得良好的效果。通过分析研究，选择了以下训练方法。

（1）仰卧举腿

（2）仰卧交替腿

（3）仰卧两头起

（4）卷腹

（5）俄罗斯转体

（6）俯卧背身

（7）悬垂多向屈膝

（8）瑞士球俯卧屈髋

（9）瑞士球仰卧桥

（10）站姿下劈

下肢力量的训练应注重对各种蹲的动作的强化，使受训者在正确的动作下进行负荷的加强，只有这样才能有效避免由于动作结构错误而带来的运动损伤，才能保证下肢力量的进一步强化，原地推铅球中，下肢中前脚掌的蹬伸、小腿的蹬转及髋关节的转动发力对后续动作具有积极影响。通过分析研究，选择了以下训练方法。

（1）杠铃半蹲

（2）杠铃深蹲

（3）杠铃前后分腿蹲

（4）负重弓箭步走

（5）哑铃单腿硬拉

（6）杠铃直膝硬拉

（7）弹力带腿外摆

（8）弹力带腿内摆

（9）站姿提踵

（10）坐姿提踵

3.专项运动功能训练方法

依据原地推铅球项目特点，结合教练员给出的建议，在制订专项运动功能训练计划时着重发展爆发力等力量训练，在此阶段主要选择了投掷药球、快速伸缩复合训练及全身力量训练,除此之外,结合受训者的综合情况,在训练中有条件的还可以添加奥林匹克举。

投掷药球的训练方法主要包括以下几项。

(1)单膝跪地侧身抛球

(2)站姿侧身抛球

(3)单步侧身抛球

(4)两步侧身抛球

(5)前转身抛球

(6)交替前转身抛球

(7)单腿前转身抛球

(8)站姿过头抛球

(9)斜向分腿站姿过头抛球

(10)跨步过头抛球

4. 功能性训练计划阶段划分

这里对训练计划进行了阶段划分(表5-3-1),在第1周进行数据前测,第2、3、4周为身体基本运动功能训练,针对柔韧性、身体稳定性、基本动作模式及基础力量练习;第5、6、7周为一般运动能力训练,主要发展身体稳定性、动作速度、一般灵敏及一般力量(上肢力量、核心力量、下肢力量);第8、9、10、11周结合专项特点,利用投掷药球、快速伸缩复合训练及全身力量训练等方法促进爆发力的提高;最后在第12周进行数据后测。在身体基本运动功能训练、一般运动能力训练、专项运动功能训练三个阶段中,合理选取训练方法,训练过程中科学把控训练强度。

表5-3-1 功能性训练计划阶段划分及主要训练任务

周次	1	2	3	4	5	6	7	8	9	10	11	12
阶段划分		身体基本运动功能训练			一般运动能力训练			专项运动功能训练				
主要训练任务	身体数据前测	柔韧性、身体稳定性、基本动作模式及基础力量练习			身体稳定性、动作速度、一般灵敏及一般力量(上肢力量、核心力量、下肢力量)			投掷药球、快速伸缩复合训练及全身力量训练				身体数据后测

第六章　青少年功能性动作训练的建议

青少年功能性训练的本质是一个教育过程。在这个过程中，不仅需要运动生物学理论和技术的指导，而且还要遵循社会学、教育学和心理学等理论与原则的要求。当前青少年功能性训练存在一些问题，需要科学健康的优化方案去解决。

第一节　青少年功能性动作训练的问题研究

一、容易忽略对身体的对称训练

肌肉的运动强度并非完全相同，这主要缘于运动项目。从宏观角度来讲，可以根据肌肉运动强度将运动项目分为对称运动项目和非对称运动项目，如铅球、撑竿跳、跳远等项目主要运用到某些部分为的肌肉，其运动强度远远高于其他部位肌肉，还有一些运动项目的肌肉运用相对比较均衡，这种运动通常情况下会保持一种固定的姿势，如长跑、马拉松、自行车等。青少年在日常训练中往往会忽视肌肉群的协调发展，尤其是非对称运动项目的青少年运动员，通常情况下他们会忽视弱侧肌肉群的训练。青少年运动员在训练过程中往往采用单一的训练方式，其训练部位也比较集中，长此以往会导致脊柱和肢体发育不对称，严重者会出现身体畸形的现象。

二、在进行力量练习时不注意负荷的重量

所谓的运动负荷主要指的是在运动训练过程中运动员的身体所承受的生理机能负荷。在对青少年运动员进行力量素质训练时，部分教练员会忽视青少年的身体情况，过度强调负荷训练或采用大量的静止性力量训练，青少年运动员长期超负荷训练的环境下，导致身体生长形态变形，如髋关节移位、脊柱变形、下肢异常等。青少年正处于身体生长期，在训练时不应长时间超负荷训练，这对青少年

的身体成长十分不利。

三、忽略对关节的保护

从生理发育角度而言，青少年运动员正处于身体发育阶段，他们的韧带、肌腱拉伸性较强，而且韧带、肌腱、关节囊附近的肌肉也比较细，这在一定程度上也使青少年运动员的肌肉难以承受超负荷训练。此外，由于青少年的生理原因，其关节活动范围较大，为此关节并不是十分牢固，如果青少年运动员长时间处于超负荷训练环境下，会导致关节脱位的现象。

四、不注意适当的营养补充

青少年在进行力量素质训练时往往不注重日常生活中对营养的摄入，这就导致身体训练对机体的能量有一定的消耗后，会减慢机体的恢复速度不能达到高水平的训练状态。

第二节 青少年功能性动作训练的优化建议

一、遵循身体的整体性的功能性训练原则

传统的训练模式强调独立、单一维度上的练习，追求绝对的力量。而这在实际运动的过程中收效甚微，是行不通的，进行多方位、多关节的联动模式可以较高水平发展身体的柔韧性、爆发力、灵活性、平衡性、核心力量、功能性力量等基本身体素质，提高肌肉的整体能力并协调肌肉的收缩方式，保持全身系统运动能力的整体性发展，并提高运动绩效。

二、遵循身体对称性的功能性训练原则

功能性训练可以一般性地预防和矫正脊柱侧弯等不良体态，但在青少年功能性训练的过程中不良的运动习惯同样会导致非正常体态的发生。例如进行铅球、跳远等体育项目时，某些部位肌肉持续性发力，高负荷，大强度，长期如此训练会使脊柱受力不均衡，导致脊柱弯曲、四肢发育变形或不对称等不良体态。但进行有些体育项目时，肌肉发力比较均衡，如跑步、自行车等体育项目。因此，青

少年在进行身体锻炼时，需要进行不同体育项目的功能性训练，采用多样的训练方式，加强核心区域力量的功能性训练，避免高强度的专业体育项目训练，注意身体各个部位肌肉群均衡发展，这样才能有效地预防不良体态的发生。

三、根据青少年生理特征，科学地安排训练

青少年进行功能性训练必须要以科学性为基础。青少年身体素质发展敏感期：力量素质发展的敏感期是男孩 12~16 岁，女孩 11~15 岁；速度素质发展的敏感期是 7~12 岁；有氧耐力发展的敏感期是男孩 10~17 岁，女孩 9~14 岁及 16~17 岁。在进行功能性训练过程中需要根据青少年的解剖生理特征、年龄状况和发育状况等进行科学合理的安排，从而高效地发展各项身体素质，避免高强度、大负荷、低效率的训练，反之则不但降低了青少年的兴趣和成就动机、达不到应有的绩效，还会导致身体形态的非正常发展。

四、注意青少年功能性训练的趣味性

青少年总是乐意接受感兴趣的事物，对不感兴趣的事物缺乏热情。这就要求教育者加强青少年对功能性训练的认识，使其认识到这种训练模式的重要性；充分吸引青少年眼球，利用波速球、瑞士球、俯卧撑轮、平衡垫、悬吊带、实心球等器械增加对青少年的诱惑力；适当采取竞赛的方式增加青少年的成就动机；进行教学训练的过程中丰富训练内容，活跃训练气氛，让枯燥的训练简单快乐起来；最后在训练之余，适当创设情境，使青少年运动兴趣处于激发状态，使其自觉地进行功能性训练。

五、注意膳食营养均衡搭配

青少年正处于身体发育的阶段，在进行身体功能性训练中一定要保证营养，注意膳食的均衡搭配。但青少年往往不注重这些细节问题，认为营养并不是训练中的关键，其实这是错误的观点。任何运动都会不可避免地消耗能量，只有在保证机体所需的营养物质充足的前提下，才能够使机体机能快速恢复并达到高水平的训练状态，为运动技能的提高提供物质基础。

附录　功能性动作筛查、评估

附录1　功能性动作筛查（FMS）

　　功能性动作筛查作是基于物理康复时代背景下的一种预防运动损伤方法，物理康复这一概念起源于第二次世界大战美国军队对受伤士兵的治疗。其研究重点先后经历了1950年至1960年的骨骼肌肉阶段，二战后，伤员数量的激增促使物理康复着重于治疗恢复伤员的骨骼肌肉；1960年至1980年的中枢神经阶段，这段时间由于脊髓灰质炎和脑部瘫痪病例的增加，中枢神经逐渐成为当时康复研究的重中之重；1980年至1990年的关节阶段，由于治疗恢复关节活动度技术的出现，物理康复转而开始关注关节软组织；1990年以后的动作阶段，此时运动损伤成为新的研究热点，物理康复不再将人体进行划分，而是以人体日常行为和训练动作为切入点进行整体研究。

　　功能性动作筛查（Function Movement Screen）简称为FMS，是20世纪末由美国著名的物理治疗师格雷·库克(Gray Cook)和体能训练专家李·伯顿(Lee Burton)提出的一种测试，主要应用在物理康复领域和体能训练阶段，是一种可以快速筛查人体错误运动模式的测量方法，随后由美国AP（Athletic Performance）研究所吸收扩展成为一套完整的功能运动训练体系，在整个功能运动系统中，功能性动作筛查是介于基础体能筛查和选择性功能动作评估之间的测评工具，是功能运动系统中承上启下的重要一环。FMS设计之初是针对美国弗吉尼亚州的高中生和大学生，但在使用过程中发现对预防损伤、体态纠正和伤后恢复有明显效果，很快引起美国军队和专业运动队的注意，随后广泛应用于竞技体育、部队训练、大众健身等领域，尤其是在体育领域，NBA球员、UFC格斗手、CrossFit选手都在使用FMS和功能动作训练。在国内，功能性动作筛查已在乒乓球、橄榄球、排球、空手道等竞技项目上有一定程度的应用，其结果也能表明FMS可以有效预防运动损伤，间接影响运动员的运动表现。

　　为什么我们需FMS？因为我们在运动的时候会出现各种各样的损伤，这些损伤其实可以避免的，只要你在一个正确的动作模式下去训练，就可以避免一些

运动损伤。比如一名运动员在做深蹲的时候，他不知道自己踝关节的柔韧性不好，导致自己在练习深蹲时经常出现腰椎弯曲的身体代偿，长时间训练造成腰痛，由于没有经过 FMS 筛查而造成这个结果。FMS 这套体系可以帮助运动员或者帮助训练者去判别在哪些方面受到了限制，在做哪些动作的时候会产生一些问题，以及这些问题在他们进行训练的时候会限制他们的动作，或者是产生某些错误的动作。这套体系一共有 7 个动作组成，分别是深蹲、跨栏部、弓箭步、肩关节灵活性、单腿上抬、俯卧撑和旋转。这 7 动作的评估和评分完成状况可以了解测试者的灵活性和稳定性。训练者好的训练成绩，可能是建立在身体代偿的基础上的，并不意味着他的动作是正确的、健康的、符合生物力学、符合发力效率的。如果想要有更长的训练生涯和健康的身体，就应该全方位评估自己，以此来建立正确的动作模式。FMS 在预防伤病方面效果很好，可以帮助运动员全方位评估，对于普通人来说，也可以降低受伤的风险。

　　FMS 有自己的一套器械，这套器械很简单，它是由 1 根绳子、3 根棍子和 1 个带有标尺的板组成。如果没有这些固定工具，可以找 1 块木板、2 根木棍和 1 把标尺，以及 1 根绳子代替（图 7-1-1）。

图 7-1-1　FMS 全套器械

附录 2　功能性动作筛查积分表

表 7-2-1　FMS 功能性动作筛查评分表

姓名		性别		年龄		专项	
省、市、邮政编码				电话			
学校/隶属单位				以往测试得分			
优势手/腿				视频编号			
评分人				测试日期			

测试		原始成绩	最后成绩	评价
深蹲				
跨栏步	左			
	右			
直线弓箭步	左			
	右			
肩部灵活性	左			
	右			
肩夹击排除测试	左			
	右			
主动直腿抬高	左			
	右			
躯干稳定性俯卧撑				
海狮式排除测试				
旋转稳定性	左			
	右			
跪姿体前屈排除测试				
总分				

原始得分：这个分数用来代表左侧、右侧的得分。7项测试中有5项测试需要分别测试左右两侧并将分数记录在表中。

最后得分：指测试的总得分，在原始得分中，单侧的最低分作为最后得分。例如，一个人右侧得3分，左侧得2分，那么他的最后得分为2分，将最后得分相加便会得到总分。

附录3　功能性动作筛查指导

一、FMS测试内容

FMS由7项动作测试组成，包含对灵活性和稳定性之间的均衡测试。所采用的动作模式能让医疗及健身专业人员观察到训练者的基础活动、控制性运动、稳定性运动，并暴露出肌力薄弱、不平衡、不对称和运动受限的问题。

筛查中的运动与运动员的动作相仿仅仅是巧合。筛查既不是训练手段，也不是竞赛手段。它纯粹是为运动进行评级和排序的工具。

筛查的应用价值在于简单、实用，能够提供一个新的工具来评价运动表现和耐力。它的主要用途不是去明确为什么存在功能障碍或错误的动作模式，而是发现哪些动作模式有问题。

FMS能够揭示出动作模式中出现的功能障碍或疼痛，或两者兼而有之。

很多人能够进行全范围关节活动，却不能有效地完成测试中的动作。那些在测试上得分较低的人往往在日常生活活动中使用的是代偿动作模式。如果这些代偿动作模式继续使用下去，那么就会强化错误运动，从而导致生物力学的恶化，增加今后损伤的风险。

（一）筛查的要点

为了正确地使用FMS，我们需要熟悉以下骨性结构或体表标志。

（1）胫骨粗隆

（2）髂前上棘

（3）外踝和内踝

（4）腕横纹

（5）膝关节线

（二）FMS 套装工具及装配

可选的测试套装工具装在一个 2 英尺 × 6 英尺（0.6 m × 0.8 m）的盒子中，我们也可以使用自己的测试工具。在盒子的一端，有一个可活动的盖子，打开盖子就可以看到 FMS 测试所需要的工具。

（1）一根 4 英尺（1.2 m）的长杆
（2）2 根短杆
（3）一个小的带盖工具
（4）一条弹力带

将 2 根短杆取出后插入盒子的孔中，为了稳固短杆必须用力插。在盒子一端的一个小孔中插入小的带盖工具，用于在竖直位置时设置平衡栏架，然后将弹力带放在两根直立杆上形成栏架。

盒子——用于转运工具，做深蹲测试时提供额外辅助，它还在直线弓箭步和旋转稳定性测试中使用，为测试提供标准依据。

长杆——应用于深蹲、直线弓箭步、跨栏步、肩部灵活性和主动直腿抬高测试中，以提高筛查结果的信度和效度。

栏架——由基底板、2 根 2 英尺（0.6 m）PVC 材质杆和一根在杆子之间的弹力带构成，此栏架用于跨栏步测试、躯干整体测试，以提高结果的准确性。

（三）筛查时测试者应该站在哪里

在测试中测试者站在哪里是一个常见的问题。因为在每次测试中，我们可能要观察 3~4 个不同的点，每个测试都会有同一时刻需要处于两个位置的处境，这也是需要每个动作要重复 3 次的原因之一。如果有必要，可以多次观察同一个动作模式。

观察运动时要考虑距离和移动两件事。考虑到这两件事也就解决了测试中涉及的大部分问题。

（四）距离

测试时测试者后退一步，留够距离，这样就可以看到受试者的整体状况。大多数关于受试者该站在哪里的困惑都来自太过接近和过于专注测试中的某一个部分。站在足够远的地方，可以让观察更全面，整个运动的测试结果也就变得更加清晰。

（五）移动

每项测试都有 3 次机会，所以不要担心在测试期间是否来回移动。在某些测试中，站在一个人的侧面或面对着他，会找到最佳的观察位置。充分利用这 3 次测试，如果从一个角度无法准确观察，就换个角度观察。

（六）FMS 测试清单

（1）深蹲动作模式

（2）跨栏步动作模式

（3）直线弓箭步动作模式

（4）肩部灵活性动作模式

（5）主动直腿抬高动作模式

（6）躯干稳定俯卧撑动作模式

（7）旋转稳定性动作模式

二、FMS 动作模式

（一）深蹲动作模式

1. 目的

深蹲动作模式是许多功能性动作的组成成分。在髋关节和肩关节处于功能对称姿势下，深蹲动作模式充分展示了四肢协同的灵活性和核心稳定性。虽然现代日常生活中一般不经常进行充分深蹲这个动作，但在热爱运动的人群里深蹲训练则是最基础的运动。

深蹲动作模式可以很好地体现肢体灵活性、姿势控制能力、骨盆和核心稳定性。进行正确深蹲是一项挑战全身力学和神经肌肉控制的运动。我们用它来测试双侧髋、膝、踝的对称性、灵活性和稳定性。

双手持杆举过头顶的动作需要双侧肩关节、肩胛区及胸椎对称的灵活性和稳定性，同时能很好地控制骨盆和核心区的稳定。只有这样，该项测试才算完整地完成。

2. 说明

受试者起始的姿势是两足开立、对齐，略宽于肩，然后将木杆举过头顶，调整手部位置，肘关节屈曲 90°。

接下来，受试者肩关节屈曲并外展，肘关节完全伸直，将木杆举至头上方，受试者慢慢下降到尽可能深的蹲位，足跟着地，头和胸部朝前，木杆尽量向头顶正上方推举，膝应与足尖对齐，不要外翻（图7-3-1）。

最多可以重复3次，但如果第一次符合3分的标准，就无须再做一次测试。如果任何一次都没有达到3分的标准，就将FMS中常用到的木板放在双足跟下进行测试。如果在使用木板后，仍然没有达到2分的标准，受试者则得1分。

图7-3-1 深蹲动作示范

3. 测试技巧

（1）从正面和侧面观察受试者。

（2）无论是使用FMS套装工具还是木板，当足跟被抬高时，包括足在内的所有部位的位置应该保持不变。

（3）测试时，不要判断模式或分析得分。

（4）不要指导运动，如果需要，只需重复运动要求。

（5）关注受试者是否出现疼痛。

（6）当存在疑问时，给予低分。

4. 深蹲动作模式的可能结果分析

（1）躯干上部灵活性受限可能是由于肩胛骨或胸椎灵活性较差，也可能两者皆有。

（2）下肢灵活性受限，包括闭链运动踝关节背伸受限或膝关节、髋关节屈曲受限。

（3）另一种表现不佳的原因可能是稳定性和控制能力较差。

（二）跨栏步动作模式

1. 目的

跨栏步动作模式是由位移和加速度组成的整体，虽然大多数活动中的迈步动作幅度没有达到这个程度，但跨栏步这个动作能够将各种步行的代偿动作或不对称性都暴露出来。这个测试考验人体迈步及大步走的力学能力，也测试了单腿站立时身体的稳定性和控制力。

这项运动需要髋关节之间恰当的协调和稳定，因为这项运动是双侧不对称运动，当一侧肢体自由移动时，另一侧肢体就要承受全部的身体重量，在整个动作模式中骨盆和核心必须保持稳定。受试者举起木杆，始终保持过肩，让测试者能进一步了解在迈步模式中身体上部和躯干静态姿势的控制能力。

在基本迈步动作中身体上部运动过多是一种代偿表现。如果身体的灵活性、稳定性、姿势和平衡都发挥恰当作用的话，则不会观察到代偿动作。跨栏步测试对髋、膝、踝双侧灵活性和稳定性是一项考验。由于该测试可以观察身体功能性对称问题，因此也考验了骨盆与核心的稳定性和控制能力。

2. 说明

开始测试时，首先测量受试者的胫骨高度。由于很难找到胫骨和股骨之间真正的连接线，因此、胫骨粗隆的顶端中心是一个可靠的标志。

为了将之前提到过的栏架调到适当的高度，让受试者右脚外侧站立在栏架的底部，与一根栏架的立柱平行，将栏架上的标绳滑至胫骨粗隆的中心位置。然后，再调节另一侧，使两端维持在同一水平线上，此高度就可以准确显示胫骨粗隆的高度。

另一种测量方法是用木杆测量从地板到胫骨粗隆的距离，并将绳子提高至该水平，让受试者站在栏底中心正后方，足跟和足趾均触地，足趾对齐并接触栏底。

栏杆横跨肩部，在颈部下方。要求保持脊柱挺直的同时跨栏，足跟触地。然后，做出动作的下肢再回到起始位置，整个过程缓慢、有控制（图 7-3-2）。

如果没有达到 3 分的任何一个标准，则将得 2 分。如果没有达到 2 分的任何一个标准，则得 1 分。

图 7-3-2 跨栏步动作示范

3. 测试技巧

（1）确保栏架线正确对齐。

（2）在测试开始时要告诉受试者尽可能地将下肢抬高。

（3）注意躯干要稳定。

（4）从正面和侧面观察。

（5）注意跨栏侧下肢的得分。

（6）在每次重复测试过程完成之后，确保站立侧下肢的足趾与跨栏保持接触。

（7）测试时不要判断模式或解释所得分数的原因。

（8）不要指导动作，如果需要，只简单地重复说明。

（9）关注受试者是否出现疼痛。

（10）当存在疑问时，给予低分。

4. 跨栏步动作模式的可能结果分析

（1）出现问题可能是由于站立腿的稳定性差和跨步腿的灵活性差。

（2）重要的是认识到该测试不是测试单一的部位，而是测试动作模式。当一侧跨步腿髋关节做出最大程度屈曲，另一侧支撑腿髋关节则需要充分伸展，这既需要双侧不对称运动的髋关节具有灵活性，也需要动态稳定性。

(三)直线弓箭步动作模式

1. 目的

直线弓箭步动作模式经常出现在训练、日常活动和体育运动中,它是减速运动和方向变化的一个组成部分。虽然直线弓箭步动作模式需要的控制能力比其他许多运动都要高,但在基础模式方面它能够对身体左右功能进行快速评估。它让身体保持在一个既定位置,从而集中检查模拟旋转、减速和横向运动产生的应力。在髋关节处于不对称的位置且需要同时负重的情况下,此模式的窄基底特点要求骨盆和核心区在运动开始时具有足够的稳定性并有持续的动态控制能力。

直线弓箭步动作模式中下肢处于分开站立的姿势,而上肢处于相反的模式。由于它只要求脊柱稳定,所以这个模式符合人体自然状态下上下肢正常平衡相互交替的规律。这项测试还考验了髋、膝、踝及足的灵活性和稳定性,同时也考验了背阔肌和股直肌等多关节肌的柔韧性。

真正的弓箭步需要向前迈一步并且身体重心下降,而直线弓箭步测试只观察身体重心上下移动。对于一个简单的动作筛查来说,迈步变化太大并且表现出太多的不一致。直线弓箭步这个运动中,双腿前后分开的窄基底姿势和双上肢的反向姿势为我们提供了足够的机会来发现灵活性和稳定性问题。

2. 说明

胫骨长度测量可以通过测量从地面到胫骨粗隆顶端中心的长度,也可以从跨栏步测试中的栏架高度获得。受试者后侧足的足趾要放在木板的起始线上,测量胫骨长度,让受试者将前侧足的足跟放在木板上适当的标记处。在大多数情况下,在使用手持木杆之前,更容易确定足的合适位置。

把木杆放在背后,接触头部、胸椎和骶骨。前侧足的对侧手置于颈椎后方抓住木杆上部,另一只手置于腰椎后方抓住木杆的下部。直线弓箭步测试时,身体重心上下运动过程中木杆必须保持垂直位置。

为了完成直线弓箭步动作模式,受试者后侧腿的膝关节缓慢下降触碰前侧足后跟所在木板的位置,然后再回到起始位置(图 7-3-3)。

如果没有达到 3 分的任何一个标准,则得 2 分。如果没有达到 2 分的任何一个标准,则得 1 分。

图 7-3-3　直线弓箭步动作示范

3. 测试技巧

（1）前侧腿是要评分的一侧，但这只评价动作模式，并不评价身体某一部位或某一侧的能力。

（2）要记住是在测试模式，而不是测试单独的部位。

（3）木杆保持垂直，在整个运动中都要与头部、胸椎和骶骨接触。

（4）前侧足的足跟与木板保持接触，回到起始位置时后侧足的足跟与木板接触。

（5）注意是否失去平衡。

（6）与受试者保持较近距离以便保护，防止受试者因完全失去平衡而受伤。

（7）测试时，不要判断模式或解释得分的原因。

（8）不要指导运动，如果需要，只重复说明。

（9）关注受试者是否存在疼痛。

（10）当存在疑问时，给予低分。

4. 直线弓箭步动作模式的可能结果分析

（1）前侧腿和（或）后侧腿的踝关节、膝关节和髋关节的灵活性可能不足。

（2）动态稳定性差，无法完成完整的动作模式。

（3）胸椎关节活动受限可能会影响测试更好地完成。

（四）肩部灵活性动作模式

1. 目的

上肢与肩部进行相应运动过程中，肩部灵活性动作模式展示了肩胛—胸壁关

节、胸椎及胸壁的正常互补运动节奏。虽然基础运动里没有包含所有的往复伸展动作模式，但是每个运动都达到了主动运动的最大幅度，留给代偿动作的空间很小。因此，去掉代偿动作以后就可以清楚地了解评估对象的运动能力。

在进行上肢运动前，颈椎及周围肌肉组织应该处于放松状态和中立位置，胸部应自然伸展。

通过这种动作模式可以观察双侧肩关节活动范围，一侧肩关节的伸展、内旋和内收与另一侧肩关节的屈曲、外旋和外展的能力。

2. 说明

首先，通过测量腕横纹到中指尖的距离来确定受试者的手长。受试者双足并拢站立，双手握拳，拇指内收被包在其他手指内。然后，受试者将一只手置于颈后，另一只手置于背后，双手同时伸出相互靠近，一侧肩关节进行最大限度的内收、伸展和内旋，另一侧肩关节进行最大限度的屈曲、外旋。

在测试过程中，手应该平滑移动，并且应该保持握拳状态。测量两手之间最靠近点之间的距离，以确定受试者的对称伸出能力（图7-3-4）。

针对受试者的双肩分别进行最多3次的肩部灵活性测试。如果任何一项未达到3分标准，则计2分。如果任何一项未达到2分标准，则计1分。

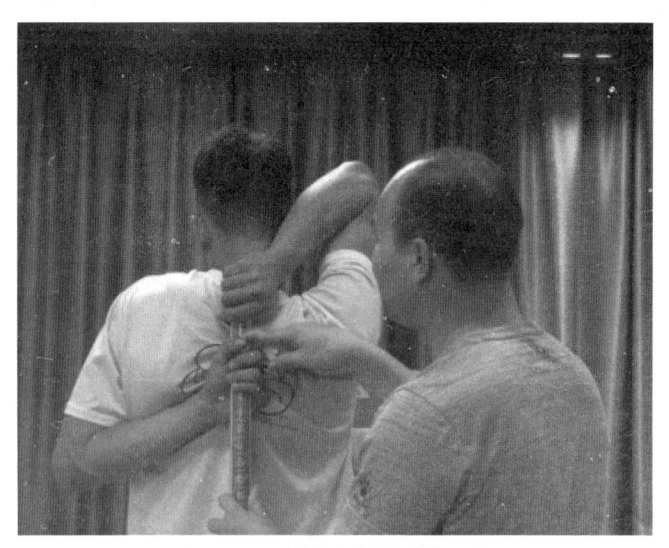

图 7-3-4　肩部灵活性动作示范

3. 测试技巧

（1）如果测试时有高低肩表现，则其中较高的一侧是被测试评分的一侧。请注意，这里仅评价动作模式，并不是评价身体某个部位的功能。

（2）如果手长与被测量的两点之间的距离相等，则得低分。

（3）如果在通过性测试中出现疼痛，则得分为0。

（4）确保在初始位置时不要试图使双手互相靠近。

（5）测试时不要去评估模式或解释评分的原因。

（6）不要指导动作测试，如果有必要，只重复说明。

（7）关注受试者是否有疼痛。

（8）在测试过程中如有疑问，则扣分。

4.肩部灵活性动作模式的可能结果分析

（1）大家最关心的是关于外旋活动度增加的公认解释——这是需要高举的投掷运动员以牺牲内旋为代价而获得的。从某种意义来说这个说法是正确的，但这不是此项测试首先要考虑的问题。

（2）肩胛骨的稳定性取决于胸廓的灵活性，这应该是测试的主要关注点。

（3）胸大肌、背阔肌和腹直肌的过度强壮和缩短均可引起肩前倾姿势或圆肩。这种异常姿势使盂肱关节和肩胛骨的灵活性降低。

（4）肩胛—胸壁关节功能障碍的问题可能会存在，导致盂肱关节灵活性降低，这个问题的严重性仅次于肩胛—胸壁关节的灵活性或稳定性降低的问题。

（5）由于双臂向相反方向运动，该测试属不对称运动。同时，该测试还要求在保持姿势控制和核心稳定条件下两侧手臂的同时伸出。

5.通过性测试

在肩部灵活性测试结束时还有一个通过性测试。这个测试不需要评分，而是观察疼痛反应。如果产生疼痛，则在评分表上记录加号（+），并且对整个肩部灵活性测试给予0分。

受试者将手掌放在对侧肩上，尽可能高地抬起肘部，同时保持手掌与肩关节的接触。由于单侧肩部灵活性测试有时不会检测到肩部疼痛，因此必须进行通过性测试。

（五）主动直腿抬高动作模式

1.目的

主动直腿抬高动作可能看起来是一种最简单的功能筛查，但不要被其简单性所蒙蔽。这种模式不仅可以评估一侧髋关节主动屈曲灵活性，还可以测试模式中初始和持续的核心稳定性及另一侧髋关节的伸展能力。主动直腿抬高动作模式主要评估的内容不是一侧髋关节的屈曲能力，而是不负重姿位下双下肢分开运动的能力。当多关节肌的柔韧性受损时，常常不能完成这个动作。

臀大肌、髂胫束复合体和腘绳肌是最容易导致髋关节屈曲受限的结构，而髂腰肌和骨盆前方肌肉会导致髋关节伸展受限。这种动作模式测试保持骨盆和核心稳定的条件下双下肢分开运动的能力。在保持骨盆稳定性和对侧下肢主动伸展的同时，还测试腘绳肌和小腿三头肌的柔韧性。

2. 说明

受试者仰卧位，双手置于身体两侧，掌心向下，头部平放在地面上，双膝下放置一块木板，可以是功能性动作测试板，也可以是上文描述的类似尺寸的木板。双足应处于中立位，足底垂直于地面。

在髂前上棘和膝关节线之间找一个点，并在此位置垂直于地面放置一根木杆。接下来，受试者保持踝关节和膝关节的起始姿位，抬起下肢进行测试。

在测试过程中，另一侧下肢应与木板保持接触，足趾应向上保持在中立位置，并保持头部平放于地面上。

受试者被测试的下肢抬到最高位置后，请注意被测试的下肢踝关节与对侧下肢踝关节的位置关系。如果踝部超过木杆，则得 3 分。如果踝部未超过木杆，则移动木杆，就像从被测下肢的踝关节处挂一条铅垂线一样，并再次按评分标准记分（图 7-3-5）。

双腿分别进行主动直腿抬高灵活性测试，每侧最多进行 3 次。如果任何一项未达到 3 分，则受试者得 2 分。如果任何一项未达到 2 分，则得 1 分。

图 7-3-5　主动直腿抬高动作示范

3. 测试技巧

（1）抬起的下肢一侧即是被评估侧。

（2）如果难以找到膝关节线，可以通过屈曲和伸展膝关节来确定。

（3）确保不动的一侧下肢保持中立位置。

（4）测试时不要去评判模式或解释评分的原因。

（5）不要试图指导动作测试，因为这并不是运动训练。如果受试者在执行中出现错误，只需重复说明，而不是提供纠正措施。

（6）关注受试者是否有疼痛。

（7）如有疑问，则扣分。

4. 主动直腿抬高动作模式的可能结果分析

（1）只靠骨盆控制可能不足以完成这种动作测试。

（2）对侧髋关节伸展受限可能会引起评估侧髋关节活动度下降。

（3）受试者抬起下肢时可能暴露腘绳肌的柔韧性降低问题。

（4）通过评估双侧髋关节灵活性不对称问题，可以将身体的这些问题都暴露出来。当模式正确时，非移动侧下肢会表现出自我稳定性，而移动侧下肢会自然地表现出较好的灵活性。

（六）躯干稳定俯卧撑动作模式

1. 目的

躯干稳定俯卧撑是一种独特的在地板上进行俯卧撑训练的简单重复运动，它是观察核心反射稳定性的一种基本方法，而不是用来测试或评估上半身的能力。这个动作利用上肢发起俯卧撑运动，而不允许脊柱或髋部出现运动。

伸展和旋转是两种最常见的代偿动作，这些代偿动作提示俯卧撑动作模式中的主动肌的激活早于稳定肌。

躯干稳定俯卧撑测试的是上体在进行闭链、对称运动时，其在矢状面上维持脊柱稳定的能力。

2. 说明

评估对象需采用俯卧位，双臂伸出过头。在此项测试中，男性和女性有不同的起始位置，男性的双手拇指与头顶在一条直线上，而女性则可稍微下移，使双手拇指与下颌平齐。然后，根据评分标准将拇指降低到下颌或肩关节水平。膝关节完全伸展，足踝处于中立位置，足底垂直于地板。

保持这个姿势进行一次撑起动作。身体应整体撑起，测试中脊柱不要晃动。

如果无法在起始位置进行俯卧撑，则将手降低到更容易的位置。如果用双手与头顶平齐的方式进行满足所有标准，则得分为 3 分。如果用手在下颌处完成动作，则得分为 2 分。如果受试者不能完成动作，则得分为 1 分（图 7-3-6）。

最多做 3 次躯干稳定俯卧撑。如果没有达到 3 分的任何一个标准，则受试者得 2 分。如果没有达到 2 分的任何一个标准，则得 1 分。

图 7-3-6 躯干稳定俯卧撑动作示范

3. 测试技巧

（1）受试者的身体应整体撑起。

（2）每次尝试都要确保受试者保持手的位置不动，并且当受试者准备撑起时，手不会向下滑动。

（3）确保胸部和腹部同时离开地面。

（4）如果在通过性测试中出现疼痛，则得分为 0。

（5）测试时不要去评判模式或解释评分的原因。

（6）不要指导运动，因为这不是运动训练。

（7）关注受试者是否有疼痛。

（8）如有疑问，则给予低分。

4. 躯干稳定俯卧撑动作模式的可能结果分析

（1）如果受试者在此项测试中表现不佳，可能是由于其核心反射稳定性较差。

（2）测试过程中，上肢力量差和（或）肩胛骨稳定性差均可能导致得分较低。

（3）髋部和胸椎灵活性受限会影响受试者保持最佳起始位置的能力，也会导致测试得分较低。

5. 通过性测试

躯干稳定俯卧撑测试结束后，进行通过性测试。此项测试并不进行评分，仅仅用来确定受试者是否有疼痛反应。如果产生疼痛，则记录加号（+），并且整个俯卧撑测试为 0 分。从俯卧撑起始位置向上抬起身体，使脊柱不再处于伸展状态。如果受试者无疼痛，则将两种测试情况都记录下来，以备将来参考之用。

（七）旋转稳定性动作模式

1. 目的

旋转稳定性动作测试可以观察受试者在上肢和下肢同时进行运动时，骨盆、核心、肩带等身体部位在多个维度上的稳定性。这种动作模式很复杂，需要有良好的神经肌肉协调能力，以及躯干进行力线传导的能力。它采用了人体生长发育过程中的基本爬行动作，来源于爬行动作模式。

该测试有两项重要意义：一是展示了身体在水平面上的反射稳定性和重心转移能力，二是反映了身体灵活性和稳定性的协调运动能力。

2. 说明

受试者像四足动物一样四肢着地，四点支撑位，在手和膝之间的地板上放置一块功能性动作测试板或类似标有尺寸的板。该板应与脊柱平行，肩和髋相对于躯干成 90°，足踝处于中立位，足底垂直于地面。

在运动开始之前，双手张开，拇指、膝和足都接触到测试板。受试者在屈曲同侧髋和膝关节的同时，应屈曲同侧肩关节，然后将肘向膝靠拢，并保持与板平行。当膝和肘靠在一起时，脊柱可以弯曲（图 7-3-7）。

如果需要，受试者的双侧肢体最多可分别进行 3 次测试。如果动作一次性完成，则没必要再次进行测试。

如果测试未达到 3 分，则让受试者采用上述相同方式上抬对侧肩及髋（两者成对角线）完成测试动作。进行对角线测试动作时，手臂和腿不需要与板平齐，但肘和膝一定要与板上方接触。

图 7-3-7 旋转稳定性动作示范

3. 测试技巧

（1）运动的上肢所在一侧是被测试侧。

（2）确保单侧肢体保持在测试板上方，这样才可以给予 3 分。

（3）进行对角线测试时，膝和肘必须在板上方互相接触靠拢，这样才可以给予 2 分。

（4）确保脊柱平坦，髋和肩在起始位置成 90° 屈曲。

（5）测试时不要去评判模式或解释评分的原因。

（6）不要试图指导运动，因为这不是运动训练。

（7）关注受试者是否有疼痛。

（8）如有疑问，则给予低分。

4. 旋转稳定性动作模式的可能结果分析

（1）如果评估对象在此项测试中表现较差，可能是由于躯干和核心的反射稳定性降低。

（2）肩胛骨和髋关节稳定性受损也会导致表现不佳。

（3）膝、髋、脊柱和肩的灵活性受限会降低完成整套动作的能力，进而导致测试分数降低。

5. 通过性测试

在旋转稳定性测试结束后还需要进行通过性测试，此项测试并不进行评分，仅仅用来确定受试者是否有疼痛反应。如果产生疼痛，则记录加号（+），并且整个旋转稳定性测试为 0 分。受试者像四足动物一样四肢着地，从此姿势开始后移躯干，使臀部接触足跟，胸部接触大腿，通过这种方式使脊柱不再处于屈曲状态，双手保持在身体前方，尽量向前伸出。如果此动作有疼痛，则给予 0 分。如果无疼痛，则记录两种测试情况，以备将来参考之用。

（八）疼痛排除测试

运用 FMS 排查可以帮助运动员训练更高效。疼痛排除测试有三个部分。

第一个是肩部疼痛排查，一只手放在肩膀上，然后抬起肘关节，确定自己有没有疼痛，如果有疼痛，肩部灵活性为 0 分（图 7-3-8）。

图 7-3-8　肩部疼痛排查示范

第二个海狮式排查躯干疼痛，俯卧双手支撑躯干抬起，确定自己有没有疼痛，如果有疼痛，俯卧撑就是 0 分（图 7-3-9）。

图 7-3-9 躯干疼痛排查示范

第三个是跪姿体前屈排查，跪姿双手俯卧前伸躯干，确定自己有没有疼痛，如果有疼痛，旋转稳定性为 0 分（图 7-3-10）。

图 7-3-10 跪姿体前屈疼痛排查示范

三、FMS 的局限性

FMS 也有一定的局限性，第一是它不能发现高强度和高速度所诱发的动态受伤风险信号，它主要以一些比较慢速静态的动作去分析动作模式；第二是当受试者总得分大于 14 分时，依然会出现运动损伤，所以值得去关注受限的一些动作或做得不完美的一些地方，在动作中去分析它；第三是它不能分析每个运动项目所隐藏的动作模式和排除低受伤风险的运动员，并非运动员得分高于 14 分就不会受伤，而是要根据动作的细节性进行分析。

四、FMS 评分标准

以下是 FMS 的评分标准（表 7-3-1）。

表 7-3-1 FMS 评分标准表

测试动作	测试标准	评分
深蹲	（1）上半身保持与胫骨平行姿势或保持垂直姿势； （2）股骨下沉至水平以下； （3）双膝与脚对齐；（4）定位杆与脚对齐	3 分
	（1）上半身保持与胫骨平行姿势或保持垂直姿势； （2）股骨下沉至水平以下； （3）双膝与脚对齐； （4）定位杆与脚对齐； （5）足跟提升	2 分
	（1）胫骨与上半身不平行； （2）股骨无法低于水平面； （3）双膝不与脚对齐； （4）腰椎屈曲明显	1 分
跨栏步	（1）双髋、双膝和双踝在矢状面保持对齐； （2）腰椎极少或无活动； （3）定位杆与跨栏保持平行	3 分
	（1）双髋、双膝和双踝不再成直线对齐排列； （2）腰椎部活动明显； （3）定位杆与跨栏不再保持平行	2 分
	（1）足部与跨栏接触； （2）明显失去平衡	1 分

（续表）

测试动作	测试标准	评分
直线弓箭步	（1）保持与定位杆接触； （2）定位杆保持垂直； （3）躯干保持不动； （4）定位杆与脚保持在同一矢状面上； （5）膝部接触前侧脚后跟	3分
	（1）不与定位杆接触； （2）定位杆不保持垂直； （3）躯干移动； （4）定位杆与脚不保持在同一矢状面上； （5）膝部不接触前侧脚后跟	2分
	明显失去平衡	1分
肩部灵活性	拳距在一手以内	3分
	拳距在一手半以内	2分
	拳距大于一手半	1分
主动直腿抬高	（1）踝关节的垂直线位于大腿中部和髂前上棘之间； （2）不动的肢体保持中立位	3分
	（1）踝关节的垂直线位于大腿中部和膝关节连线之间； （2）不动的肢体保持中立位	2分
	（1）踝关节的垂直线位于膝关节线以下； （2）不动的肢体保持中立位	1分
躯干稳定性俯卧撑	（1）身体作为一个整体抬起，脊柱没有任何屈曲； （2）重复动作，男性拇指与头顶对齐，女性拇指与下颌对齐	3分
	（1）身体作为一个整体抬起，脊柱没有任何屈曲； （2）重复动作，男性拇指与下颌对齐，女性拇指与锁骨对齐	2分
	（1）男性拇指与下颌对齐时不能重复做动作； （2）女性拇指与锁骨对齐时不能重复做动作	1分
旋转稳定性	正确的单侧重复动作	3分
	正确的斜向重复动作	2分
	无法进行斜向重复动作	1分

如果在测试中运动员任何部分出现疼痛得0分。医务人员应该对疼痛区域进行详细、彻底的评估。

附录4 传统深蹲评估流程案例

在专业领域,"评估"(evaluation)这个词比"筛查"(sreening)更有分量,似乎更科学、更全面,但这可能是一个逻辑上的错误。希望读者能够明智地区分筛查和评估这两种方式的不同。每一种工具都有存在的必要性,也有各自的优点和局限性,重要的是要乐于采纳这两种工具。

筛查首先将注意力集中在特定情境下最受限制的各种动作模式上。相反,评估应当在预先确定的变量中确定特定的信息。当特定的评估应用在普遍的筛查之前,可能会产生假设,并忽略必要的系统逻辑,将动作问题按照易于管理的等级标准来划分和排列。没有筛查的评估是典型的简化科学的代表,会产生有限和过于简单的纠正方案。这种过早的评估看起来是系统性的,但实际是一种狭隘的结论。

注意下面示例中,每个问题的解决方案都是根据特定肌肉群的紧张和无力情况来介绍的。非专业人员使用动作模式评估方法可能会遵循所有的纠正指示,并且可能会观察到动作模式质量没有发生变化。该评估遵循了基本的人体运动生理学框架,但没有考虑运动控制和习得性运动发展模式,这会极大地影响潜在的正确结论。

要观察的内容如下。

(1)足部和踝部

①足内旋:是/否

②足外旋:是/否

(2)双膝

①膝外翻:是/否

②膝内翻:是/否

(3)腰椎—骨盆—髋复合体

①重心转移不对称:是/否

②腰椎前凸:是/否

③髋关节内收:是/否

④髋内旋:是/否

观察结果分析如下。

(1)足内旋和足外旋

紧张:比目鱼肌、腓肠肌外侧、股二头肌、腓肠肌、梨状肌。

（2）膝外翻和膝内旋

①紧张：腓肠肌/比目鱼肌、内收肌群、髂胫束。

②无力：臀中肌。

（3）腰椎前凸

①紧张：竖脊肌或腰大肌。

②无力：腹横肌、腹内斜肌。

（4）髋关节内收

①紧张：髋内收肌群。

②无力：臀中肌。

（5）髋关节内旋

无力：臀大肌、髋外旋肌群。

上述的深蹲评估是在引入 FMS 的文献中出现的，可能是为了提高对深蹲动作模式的分析。对许多专业人员来说，这种深蹲的观点看起来更全面，但实际上并非如此，因为它可能对我们造成潜在的误导。

第一，在进行深蹲评估时，下蹲的动作可以随时停止，并不要求完成一套完整的动作。这就像评估一个高尔夫球手的挥杆，但实际上在后挥杆和随球动作上加了限制。如果武断地设置了限制并在口头上对模式施加范围限制，那么意味着执行的动作模式的评估结果是不正确的。更合乎逻辑的做法是，要求使用标准化的设定来执行完整的动作模式，并允许自身的熟练程度或不足自然地表现出来。

第二，在这个例子中，深蹲的动作模式是进行了一个典型的力学评估。虽然评估看起来对潜在问题做出了一个全面的综合检查，但是没有考虑动作模式多样性的因素，一些观察点会被遗漏。发现的问题可能是一个很基础的问题，或者仅限于蹲姿模式，但是评估不能体现出是何种问题。

如果不观察多种动作模式，下蹲的问题可能被作为独立问题来处理，忽略了更基础灵活性、运动控制和动作模式习得性问题。相比之下，筛查只是引入了多种模式和评估进度，并将最具功能障碍的动作模式划分等级。功能障碍的动作模式通过引入针对基础的灵活性和运动控制的纠正策略而被改善，然后进行动作模式的再训练。筛查系统旨在根据运动再学习的发展需求重新引入动作模式，深蹲的评估是一个不完善的检查，而筛查系统则可以明确那些低于最差水平的动作模式。

第三，该评估提出的解决办法没有考虑到导致运动障碍的多种原因。失准的原因实际上可能是身体正常部位对其他功能障碍部位的一种代偿措施。在深蹲评估模式中，失准的原因通常指肌肉的紧张和无力。基础的灵活性和稳定性问题会造成代偿性平衡策略，这些策略表面上看起来是不正确的，但实际上，当动作模式被强加到功能障碍的动作基础上时，它们是唯一的选择。

我们让三个受试者进行不完美的深蹲运动。为了简单化，让这些深蹲的缺陷非常明显，在三个项目中，每个项目都会产生一个FMS深蹲分数。

第一名受试者深蹲得1分，其他FMS的分数为3分。

第二名受试者深蹲得1分，在主动直腿抬高和肩部灵活性测试中有1或2个不对称动作，其他都是对称，得2分。

第三名受试者深蹲得1分，俯卧撑得1分，其他都是对称，得2分。

FMS确定了三个完全不同的问题，从深蹲评估的角度来看，如果不是完全不同，那这三个问题看起来都很相似。在评估模式中，每个人都将接受完全相同的拉伸和力量训练，以改善下蹲动作模式中存在的问题。利用FMS针对第一名受试者只进行深蹲动作模式的纠正，第二名和第三名受试者存在明显的基础问题，应当在FMS纠正深蹲动作模式之前处理。

相反地，在评估模式中，第一个受试者将接受拉伸和力量训练，作为解决深蹲动作模式的纠正方案。但在FMS模式中，并非如此。值得注意的是，6种动作筛查模式没有显示出明显的灵活性和稳定性问题，而唯一的问题是深蹲动作本身。其他FMS测试使用与深蹲有近乎相同的灵活性和稳定性的要求，在这种情况下受试者可能具备深蹲所需的灵活性和稳定性，这个问题更像深蹲动作的时机和动作控制问题。

提供这个例子是为了说明专业人员在评估过程中识别一系列不足的自然倾向。而系统性的筛查是对可接受的、具有显著偏差的动作模式进行评估。

参考文献

[1] 廖婷, 李丹阳, 闫琪. 青少年身体功能整体性发展与功能性力量训练[J]. 首都体育学院学报, 2015, 27 (2): 146-150.

[2] 姜宏斌. 功能性训练概念辨析与理论架构的研究述评[J]. 体育学刊, 2015, 22 (4): 125-131.

[3] 郭慧鑫. 功能性训练对中学生体能发展的应用研究[D]. 济南: 山东师范大学, 2018.

[4] 梁梦夏. 功能性训练理论体系研究[D]. 苏州: 苏州大学, 2018.

[5] 齐广跃. 功能性训练对篮球运动员上肢力量的影响[D]. 北京: 北京体育大学, 2016.

[6] 王连晋. 功能性训练对中学生身体素质影响效果的实验研究[D]. 成都: 成都体育学院, 2015.

[7] 朱奇. 功能性训练对提高中学生FMS水平的实验研究[D]. 石家庄: 河北师范大学, 2016.

[8] 王保臣. 功能性训练视角下提高游泳运动员身体平衡能力的实验研究[D]. 天津: 天津体育学院, 2013.

[9] 王宗. 青少年女子篮球运动员软梯训练的实验研究[D]. 烟台: 鲁东大学, 2014.

[10] 李卫, 阙怡琳, 石煜, 等. 体能训练前沿理念与实践创新——第二届中国国际体能大会综述[J]. 北京体育大学学报, 2021, 44 (3): 114-128.

[11] 秦长辉, 杜红光, 黄健灵, 等. 青少年抗阻训练[J]. 体育科技文献通报, 2021, 29 (11): 116-119.

[12] 经旦锋. 功能性训练在短跑训练中的应用[J]. 田径, 2021 (12): 51-52.

[13] 刘欣. 功能性训练对青少年足球运动员动作矫正的实证研究[D]. 呼和浩特: 内蒙古师范大学, 2020.

[14] 殷聪聪. 功能性训练对高中体育生FMS测试结果的影响研究[D]. 哈尔滨: 哈尔滨师范大学, 2021.

[15] 李然.弹力带抗阻训练对青少年百米途中跑部分运动学指标的影响研究[D].北京：首都体育学院，2020.

[16] 康振川.功能性训练对8—12岁少儿身体素质影响的实证研究[D].兰州：西北师范大学，2020.

[17] 刘震.功能性训练在高校体育系篮球专项训练中的实验研究[D].烟台：鲁东大学，2019.

[18] 龙斌，李丹阳.功能性训练的科学内涵[J].武汉体育学院学报，2013，47（02）：72-76.

[19] 杜聪.青少年初中生体能训练内容构建与实践研究[D].北京：北京体育大学，2017.

[20] 张伶.功能性训练在篮球体能训练中的应用措施[J].当代体育科技，2020，10（20）：33-35.

[21] 翟华楠，周彤.复合式训练影响青少年下肢爆发力的meta分析[J].武汉体育学院学报，2020，54（10）：65-71.

[22] 梁佳明.有氧运动结合抗阻训练对肥胖人群的干预效果研究[D].大连：辽宁师范大学，2017.

[23] 高秋钦.功能性动作筛查（FMS）在大学生体质健康测试中的应用研究[D].广州：华南理工大学，2019.

[24] 陶俊.弹力带训练在青少年标枪运动员专项力量训练中的应用研究[D].武汉：武汉体育学院，2020.

[25] 张晓萌.青少年体能锻炼多媒体网络课件的设计与制作[D].北京：首都体育学院，2015.

[26] 万义.中国青少年体质健康发展的社会治理研究[D].武汉：华中师范大学，2016.

[27] 顾建仁，娄海波.FMS在青少年篮球运动中的应用研究[J].南京体育学院学报（自然科学版），2017，16（5）：89-93.

[28] 黎涌明，资薇，陈小平.功能性动作测试（FMS）应用现状[J].中国体育科技，2013，49（6）：105-111.

[29] 史冰.核心及功能性力量训练的概念释义与机制探究[J].安阳工学院学报，2014，13（4）：99-102.

[30] 格雷·库克.动作：功能动作训练体系[M].张英波，梁林，赵洪波译.北京：北京体育大学出版社，2011.